ÉTUDES POLITIQUES.

Paris. Imprimerie de Ducessois, 55, quai des Grands-Augustins.
près le Pont-Neuf

ETUDES POLITIQUES.

DE L'ARISTOCRATIE ANGLAISE,

DE LA DÉMOCRATIE AMÉRICAINE,

ET DE

LA LIBÉRALITÉ

DES

INSTITUTIONS FRANÇAISES

PAR CHARLES FARCY,

Auteur de l'écrit intitulé :

GOUVERNEMENT PARLEMENTAIRE; GOUVERNEMENT CONSTITUTIONNEL; INTÉRÊTS MATÉRIELS ET INTÉRÊTS MORAUX DU PAYS.

« En politique, surtout, étudions avant « de prendre un parti. »

Mars 1842.

PARIS.

CHEZ CHAUMEROT, LIBRAIRE,

AU PALAIS-ROYAL, GALERIE D'ORLÉANS, 4.

SOMMAIRE.

I. Préliminaires. — De la nécessité de mieux étudier les gouvernements qu'on se propose pour modèles.

II. — Conquêtes politiques faites par la France depuis 1789.

III. L'Angleterre. — Principe aristocratique de son gouvernement. Droits politiques des citoyens. Le roi, les lords, les communes. Loi des céréales. Taxe des pauvres. État misérable de la population. Crise imminente.

IV. Les États-Unis. — Principe démocratique de leurs constitutions. Droits politiques. Prospérité décroissante. Transformation prochaine.

V. La France. — Libéralité de ses institutions. Son état actuel. Idées anglaises. Idées américaines. Lutte entre le principe républicain et le principe monarchique.

VI. Un événement inévitable...... — Garanties à trouver dans la chambre élective.

PRÉLIMINAIRES.

> « En politique, surtout, étudions avant
> « de prendre un parti. »

Lorsque, chez nos voisins d'outre mer, l'autorité fait planter dans une vue d'utilité quelconque un poteau sur la place publique, leurs journaux ne manquent guère de faire ressortir tous les mérites de ce poteau, ses heureuses dimensions, sa forme, la couleur dont il est peint, son appropriation parfaite au but qu'on s'est proposé; enfin, bien qu'un œil difficile y puisse trouver à reprendre, c'est toujours le plus admirable poteau du monde.

Que nos édiles fassent dresser, sur le Pont-Neuf ou sur le Carrousel, une pièce de bois destinée à porter l'éclairage ou à donner une indication aux passants, des critiques inexorables trouveront, les uns, qu'il est trop grand, les autres, qu'il est trop petit; on démontrera qu'il est trop avancé ou trop reculé; que la couleur rouge aurait mieux valu que la couleur verte, ou la couleur verte que la couleur rouge. Bref, on prouvera de cent façons qu'en fait de poteaux l'administration française est dans la plus profonde ignorance.

Si, chez la nation dont j'ai d'abord parlé, et qui entend l'opposition autrement que nous, cette disposition à trouver admirable tout ce qui est indigène, résulte d'un esprit de nationalité dont l'application, même aux choses les plus minimes, conduit à un ridicule contentement de soi-même, il faut reconnaître que, chez nous, la rage de critique qui s'attaque à tout, qui ne respecte ni les meilleurs résultats, ni les plus louables intentions, provient d'un esprit de dénigrement bien injuste et bien déplorable.

C'est ainsi, et pour arriver sans plus longs détours

à la thèse que je prétends soutenir, que l'Angleterre, malgré son état politique avancé, se vante de perfections et de prospérités qu'elle n'a pas, tandis que la France, malgré ses conquêtes de 1789 et de 1830, malgré tout ce qu'elle possède de libertés et d'éléments de bonheur, semble croire, si l'on en juge par ses agitations incessantes, par ses continuels élans vers un état prétendu meilleur, qu'elle a encore tout à conquérir

Pourtant, jamais les institutions qui régissent la France ne furent plus grandes et plus libérales; jamais et en aucun lieu, la dignité de l'homme ne fut élevée plus haut. Cette assertion repose sur la loi même du progrès, que nous invoquons sans cesse, et en vertu de laquelle la révolution de 1830 a hérité de tout ce que les régimes qui l'ont précédée ont eu de civilisateur et de bon.

Le christianisme avait rendu, il y a dix-huit cents ans, les hommes égaux devant Dieu; la révolution de 1789, suivant la belle expression de M. Mignet, compléta l'œuvre en les rendant égaux devant la loi:

Les priviléges, fruit des inégalités de rang et de fortune, ont disparu par la suppression des classes.

Dans la famille, la priorité de naissance et la supériorité de sexe ont cessé de donner des droits exclusifs ou de créer des préférences légales.

La propriété a été divisée de manière à étendre partout le bien-être.

La liberté du commerce et de l'industrie a donné à tous le droit de prospérer.

L'égalité devant la loi a assuré au pauvre comme au riche l'équité dans l'administration de la justice.

La répartition proportionnelle de l'impôt en raison des fortunes a remplacé les modes iniques des anciennes perceptions des revenus de l'Etat.

La libre accession aux emplois publics, soit civils, soit militaires, a rendu tout Français susceptible de s'élever aux plus hauts degrés de l'échelle sociale.

La liberté individuelle, la liberté de religion, la liberté d'opinion, la liberté de la presse, ont été garanties par nos chartes et nos lois.

Les conditions d'électorat et d'éligibilité ont été posées de façon que le travail, l'ordre, et l'accroissement de richesse qui les suit, rendent tous les Français habiles à exercer un jour les droits politiques.

Enfin, la loi est devenue en France l'unique souveraine, et notre société est aujourd'hui, sous le rapport de la libéralité des institutions, la plus avancée des sociétés humaines.

Qu'on se garde, toutefois, de conclure du tableau que je viens de tracer, que, pleinement satisfait de l'état présent, je ne voie et n'espère rien au-delà. L'optimisme peut être la source de félicités individuelles, mais, appliqué aux masses, ce sentiment n'est qu'un déguisement de l'égoïsme. Ce que je veux prouver, dans l'intérêt de la vérité autant que dans un intérêt national, c'est que la France est au moins l'égale des nations que lui proposent pour modèles des publicistes plus habiles dans l'art de la parole qu'experts dans la connaissance des choses; que c'est à tort qu'on s'obstine à prendre pour points de comparaison des constitutions dont les bases nous sont antipathiques, je veux dire : l'aristocratie dans ce qu'elle a de plus écrasant, la démocratie dans ce qu'elle a de plus vulgaire ; enfin, dans ce même intérêt de nationalité, je veux montrer à mes concitoyens la richesse de leur lot politique, et les encourager dans la voie qu'ils n'ont qu'à suivre, toute tracée qu'elle est, pour être la première nation constitutionnelle du monde.

Et d'abord, ne semblerait-il pas que le livre *des Droits et des Devoirs du citoyen*, écrit par Mably en 1757, pour mettre en parallèle les états politiques de la France et de l'Angleterre fût encore à écrire, ou que la *Déclaration des Droits de l'homme*, du 20 août 1789, fût encore à promulguer ?

A en juger par l'avidité avec laquelle on voit accueillir l'éloge du gouvernement parlementaire anglais, ou du gouvernement populaire américain, il faudrait croire à un grand dédain pour nos propres institutions; mais, il est plus raisonnable de croire à une grande ignorance de ces institutions mêmes. En effet, il suffit, et il suffira longtemps encore de faire résonner quelques mots pompeux pour remuer la multitude au nom de progrès qui ne sont plus à faire. Le jour où les agitateurs voudront mettre le peuple en mouvement au nom de l'égalité devant la loi, l'émeute les suivra en criant : *l'égalité devant la loi!* comme si nous ne l'avions pas de droit et de fait depuis cinquante ans! Quant à la classe moyenne, à qui on fait l'honneur de l'appeler la classe éclairée, elle ne sait guère mieux, et cela est triste à dire, le prix de ce qu'elle possède. A l'aide de quelques phrases sonores, on lui fait croire encore à l'absolutisme, à la tyrannie, et il ne faut pas désespérer de la voir un de ces jours demander *la liberté*, ne comprenant pas qu'elle en jouit, surtout depuis dix ans, jusqu'à la licence!

On n'attend pas que j'énumère ici toutes nos institutions pour les comparer à celles de l'Angleterre et des États-Unis. Mon but, on l'a déjà pressenti, est d'aller droit aux questions qui, chez chacune de ces nations, dominent toutes les autres, savoir :

Pour le peuple, l'exercice des droits politiques ;

Pour l'autorité, le mobile principal de la machine gouvernementale ;

Pour tous, la somme de bonheur qui résulte de l'un ou de l'autre système.

Quant aux questions de moindre importance, je n'adopte point de plan ; je ne les traiterai que selon l'occasion, et ne les prendrai que comme auxiliaires.

L'ANGLETERRE

Je commence par l'Angleterre, tant préconisée par des publicistes qui ne l'ont pas assez étudiée.

L'Angleterre revendique avec raison l'honneur d'avoir été le berceau du gouvernement représentatif ; mais, ce gouvernement y a été le produit successif des circonstances, non celui de la méditation. Aussi n'a-t-elle point de charte écrite. Sa constitution n'est qu'un amalgame d'actes obtenus, à diverses époques, des monarques anglais ; et ce n'est qu'après la révolution de 1688 que cette constitution a reçu une forme permanente.

La grande charte du roi Jean, qu'il signa, dit-on, en 1215, n'est aujourd'hui qu'un symbole. Elle n'existe pas, ou si l'on veut, elle n'existe plus.

Peu importe qu'un statut d'Édouard I, postérieur à 1275, porte : « que le parlement sera convoqué une fois chaque année, et plus souvent même s'il est nécessaire ; » qu'un statut d'Édouard II prescrive, en 1322, « le règlement des affaires en parlement, par le roi, l'assemblée des prélats, comtes et barons, et les députés des communes ; » enfin, qu'un statut d'Édouard III, de 1330, renouvelle cette prescription, ajoutant que le parlement « se réunira pour remédier aux abus. » Ce qui paraît certain, c'est que le plus souvent ce parlement, qui devait être chaque année composé de nouveaux membres, ne se réunissait pas.

Postérieurement aux époques précitées, les souverains s'étant presque entièrement dispensés de convoquer le parlement, il fut statué qu'on ne pourrait à l'avenir laisser passer plus de trois ans sans convocation. Mais les choses continuèrent de marcher à peu près de même, principalement sous les règnes les plus absolus, tels que ceux d'Henri VIII et d'Elisabeth ; et plus tard, en 1640, Charles I se vit dans la nécessité de confirmer l'ancien statut.

Comme on le voit, la constitution anglaise fut longtemps illusoire, et les rois ne s'appliquaient qu'à l'éluder, quand ils ne la violaient pas ouvertement. La reine Elisabeth faisait dire par le chancelier Bacon, en convoquant le parlement de 1571 : « La volonté de Sa « Majesté est que vous ne vous mêliez pas des affaires « de l'Etat ; on ne vous demande que des subsides. »

Au demeurant, il ne s'agit pas de suivre cette constitution dans ses modifications successives, mais bien, de la prendre telle qu'elle est aujourd'hui, et de la considérer dans son esprit et dans ses résultats.

L'exercice des droits politiques, en Angleterre, est attaché uniquement à la propriété territoriale. C'est la base adoptée dans tous les Etats constitutionnels ; mais là, en principe, il n'y a point de propriété absolue : toutes les possessions sont censées *tenues* du souverain, soit immédiatement, soit médiatement par l'intermédiaire des seigneurs qui relèvent du souverain même. Cet état de choses perpétue le souvenir de la spoliation des Saxons vaincus par les Normands, dans le onzième siècle, et de la division du territoire, après la bataille d'Hastings, en soixante mille parcelles réparties par Guillaume le Conquérant, en *fiefs directs* aux hauts barons, et en *tenures* aux chevaliers. Les formes du système féodal, détruites chez nous, subsistent donc encore dans ce pays, et, bien que ces formes ne soient plus en partie qu'une fiction, il est incontestable qu'elles exercent une notable influence sur les institutions et sur les mœurs.

La propriété territoriale est, d'une part, représentée par les lords pairs du royaume ; de l'autre, par les chevaliers des comtés [1] et par les propriétaires élus dans les cités et dans les bourgs privilégiés.

La chambre des lords reçoit :

1° Les lords *temporels*, en nombre illimité, qui sont pairs d'Angleterre, les uns par droit d'hérédité, droit qui n'existe plus en France, les autres par création du souverain, sans que son choix soit, comme chez nous, limité par des catégories fixées par la charte ; d'autres enfin par élection, comme ceux d'Ecosse et d'Irlande, nommés par leurs pairs pour aller siéger au parlement, depuis la réunion des trois royaumes ;

2° Les lords *spirituels*, savoir : les deux archevêques et les vingt-quatre évêques d'Angleterre, plus les quatre évêques d'Irlande. Ces prélats, pour rentrer dans l'esprit de l'institution féodale, sont supposés

[1] *Knights of counties* : ce sont les députés élus par les comtés. Les députés élus par les cités et les bourgs n'ont que le simple titre de *member*.

tenir du roi certaines baronies qui leur constituent un droit territorial.

La chambre des communes se compose, ainsi que nous l'avons déjà indiqué, de *francs tenanciers* du royaume qui n'ont pas droit de siéger à la chambre des lords. En principe, chaque *franc tenancier* a voix au parlement, soit personnellement, soit par ceux qu'il élit pour le représenter.

A l'égard des conditions d'éligibilité, une loi rendue sous le règne de la reine Anne, et renouvelée sous George II, exigeait que tout membre des communes possédât une propriété foncière rapportant au moins 300 livres sterl. pour les membres élus par les villes et les bourgs, et 600 livres pour ceux élus par les comtés. D'après un bill de 1696, tout négociant pouvait être élu s'il affirmait par serment posséder 5,000 livres. Remarquons qu'aux époques dont il est question, ces diverses sommes représentaient le triple de ce qu'elles valent aujourd'hui, et que par conséquent elles constituaient déjà des fortunes assez considérables.

Mais il s'agit bien, vraiment, pour les propriétaires ou pour les négociants anglais qui briguent aujourd'hui l'honneur de représenter le pays, de prouver qu'ils ont trois cents livres ou six cents livres de revenu! Une telle condition est légère, et cela compte pour peu dans des fortunes généralement colossales.

Il est aisé de montrer que les chambres anglaises présentent une organisation éminemment aristocratique. Non seulement les propriétaires du sol ont seuls droit d'y siéger, mais encore ils sont censés n'être que les *tenanciers* de la couronne. D'un autre côté, si l'on fait attention à la richesse de la plupart de ces propriétaires terriens, entretenue par le droit d'aînesse, autre institution féodale qui subsiste encore en Angleterre, on comprendra combien est grande cette aristocratie, cette puissance des riches, qui fait du gouvernement anglais, malgré la trompeuse libéralité de son vote électoral dont nous parlerons plus loin, le gouvernement le plus éloigné du but, si ce n'est du principe démocratique, et le plus en opposition avec l'intérêt matériel comme avec l'influence morale de la multitude.

Et qu'on n'accuse pas d'exagération l'opinion que je viens d'émettre ; cette opinion n'est que trop bien établie par la monstrueuse disproportion qui existe, dans les trois royaumes, entre la classe qui possède et la classe qui ne possède pas. Là, les *landlords*, les seigneurs de la terre, possèdent d'immenses étendues de pays, comptant dans leurs domaines vingt, trente, cinquante clochers, comme on disait autrefois en France ; là, plus que partout, les riches nombrent leurs revenus par millions, tandis qu'autour d'eux des millions d'hommes sont condamnés à mourir de misère, ou à vivre ignominieusement de la *taxe des pauvres* [1].

Un calcul comparatif, plus important que curieux, est celui qu'on a cherché à établir entre la somme des fortunes territoriales possédées, d'un côté, par les membres des chambres en Angleterre, de l'autre, par les membres des chambres en France. Il a fallu renoncer à une évalution même approximative, à l'égard de la chambre des lords et de notre chambre des pairs, tant la disproportion est immense en faveur de la pairie anglaise; c'est par milliards qu'il faut la supputer. On donne pour exemple *quatorze* fortunes des plus considérables de la chambre des lords, formant à elles seules un chiffre de revenus qui s'élève à 62,500,000 f., lesquels, capitalisés à 4 pour 100, représentent un fonds de 1,562,500,000 fr.

Quant à la chambre des communes et à notre chambre des députés, bien que les documents ne

[1] Voici quelques-unes des principales fortunes de l'Angleterre : Le duc de Northumberland, 5 millions de revenus; le duc de Buccleugh, 5 millions; sir Arkwright, 5 millions; le marquis de Hertford, 3 millions; lord Francis Egerton, 2 millions 500,000 fr.; le marquis de Westminster, 9 millions; le duc de Sutherland, 5 millions; le duc de Cleveland, 5 millions; lord Portmann, 10 millions; sir John Loyds, 6 millions 250,000 fr.; le duc de Devonshire, 2 millions 500,000 fr., etc., etc.

soient pas tout à fait [illegible] présentés comme exacts

Les quatre cent cinquante-neuf députés de la France représentent trente-quatre millions d'habitants. Leurs fortunes réunies, en biens fonds, donnent une moyenne d'environ 240,000 fr. pour chacun, ensemble 110,000,000 fr.

Les cinq cents députés de l'Angleterre proprement dite, les cinquante-trois de l'Ecosse, et les cent quarante-cinq de l'Irlande, donnent pour vingt-deux millions d'habitants un chiffre de six cent cinquante-huit députés, dont la fortune moyenne est évaluée à 570,000 fr.

Il semblerait juste d'établir d'abord, entre trente-quatre millions et vingt-deux millions de population, un calcul proportionnel pour le nombre des députés appelés à les représenter, afin que la comparaison fût exacte à tous égards. Dans ce cas, la Grande-Bretagne ne figurerait que pour trois cent trente-six. Or, les calculs proportionnels ayant donné, à Londres, 570,000 fr. en propriétés foncières pour chaque député, la somme totale, pour trois cent trente-six seulement, monterait à 191,500,000 fr. Mais, comme il s'agit de connaître, en totalité, l'argent qui siége à la chambre des communes, et l'argent qui siége à la chambre des députés, ce dernier calcul doit être étendu aux six cent cinquante-huit députés de la Grande-Bretagne, et il donne un total de 375,000,000 fr.

Il suit de là que 375,000,000 fr. en propriétés foncières, représentent en Angleterre vingt-deux millions d'habitants, tandis que trente-quatre millions de Français ne sont représentés que par 110,000,000 fr. Différence en plus, en faveur des représentants anglais, plus de deux cents pour cent.

L'aristocratie siége donc de fait dans la chambre des communes, comme elle siége de droit dans la chambre des lords. Aussi, nulle part la ligne de démarcation n'est plus tranchée entre le riche et le pauvre, entre l'homme de race noble et l'homme de race vulgaire. Il n'est point de contrée en Europe, sans même excepter la Russie, où les masses vivent autant dans la dépendance du riche, et où elles reconnaissent plus réellement une suzeraineté qui n'a cessé d'exister qu'en paroles. Il n'en est point, non plus, où l'orgueil du rang soit plus excessif : tel membre de la chambre des lords ou de la chambre des communes, s'appuyant sur son ancienne gentilhommerie, se prétend sérieusement plus noble que le roi, et cela en vertu de cet adage : « Le roi peut faire des nobles ; il ne saurait faire un gentilhomme. »

Qu'ont de commun, je le demande, toute cette aristocratie, toute cette morgue nobiliaire, avec le principe d'égalité qui, depuis cinquante ans, est dans nos lois et surtout dans nos mœurs?

Cette aristocratie, qui se manifeste en cent façons, est encore écrite dans diverses dispositions que je dois rapporter :

Un membre de la chambre des lords peut autoriser, par procuration, un autre lord à voter pour lui, tandis que la même faculté est refusée à un membre des communes. Dire pourquoi, ce n'est pas chose facile ; c'est tout simplement un privilége.

Un bill affectant de quelque manière que ce soit les droits de la pairie, ne peut prendre initiative que dans la chambre des lords, et il n'est permis à la chambre des communes d'y faire aucun changement. Ceci est bien autrement grave ; et il vient tout de suite à la pensée qu'en France, au contraire, la chambre des députés à eu l'initiative de la loi qui a enlevé à la pairie l'hérédité que tôt ou tard il faudra lui rendre..., et qui a posé des limites au choix de la couronne dans le droit qu'elle a de créer de nouveaux pairs.

Ce n'est pas tout. Afin d'apprécier sous tous les rapports la prétendue libéralité des institutions anglaises, il faut rappeler que le parlement, depuis 1660, n'admettait pas de membres catholiques ; que tout membre protestant était obligé, depuis 1700, à renouveler serment d'abjuration et à signer une déclaration contre la transsubstantiation, l'invocation des saints et le sacrifice de la messe ; enfin, que ce serment imposé aux catholiques qui voulaient échapper à la spoliation des biens territoriaux exercée au profit du protestantisme, devint même obligatoire, par un acte du gouvernement de la reine Anne, pour tout citoyen appelé à voter dans les élections. C'est en 1832 seulement que le bill de réforme, arraché par les *whigs* au parti *tory*, abolit le serment et détruisit en partie l'incapacité politique dont les catholiques étaient frappés depuis près de deux cents ans, tout en maintenant leur exclusion des plus hautes dignités de l'état, et de toutes fonctions dans la judicature ou dans l'instruction publique.

Est-il nécessaire d'opposer à de telles mesures la tolérance religieuse qui, chez nous, admet les protestants non-seulement dans les chambres, mais aussi dans les plus hautes positions de l'état? La France a-t-elle jamais songé à se priver des lumières des Cuvier, des Benjamin-Constant, des Broglie et des Guizot?

Je ne rappellerai que comme chose curieuse la vente des siéges au parlement, incroyable abus qui existait encore sous George II, en 1760, et qui dura même sous le règne suivant. Un si scandaleux trafic a cessé. Mais, j'insisterai sur un point d'autant plus important, qu'en ce moment même il donne lieu, chez nous, à de graves débats, je veux dire, la présence de fonctionnaires publics dans la chambre élective. Au dire de Hallam, historien de la constitution anglaise : « de tous temps les fonctionnaires publics ont formé une portion considérable de la chambre des communes. » Une discussion récente a prouvé qu'aujourd'hui même, eu égard à la quantité plus restreinte des fonctionnaires publics en Angleterre, le nombre de ceux qui siégent au parlement[1] est, proportion gardée, au moins aussi considérable que chez nous. Je ne discute point ce fait, je me borne à le constater, concluant seulement que, sous ce rapport, non plus que sous beaucoup d'autres, il n'y a pas lieu de reconnaître la supériorité de la chambre des communes sur la nôtre.

Il convient maintenant de parler des électeurs ·

Le *droit de suffrage* sur lequel est établi l'espèce de vote universel dont se targue l'Angleterre, résulte d'un statut du roi Henri, quatrième du nom (1405), en vertu duquel tout *franc tenancier* ayant un avoir (*estate*) de quarante *schillings*, est appelé à voter dans les élections ; un autre statut de George III, a exigé la jouissance de ce revenu depuis un an, au moment des élections.

Cet avoir de quarante *scihllings* qui représentait la

[1] Soixante-dix.

valeur de 20 livres sterlings (500 fr. d'aujourd'hui), suffisait alors à assurer les premiers besoins de la vie, et à constituer, avec un peu d'industrie, une véritable indépendance. Mais, bien que quarante schellings (aujourd'hui 50 fr.) ne représentent plus ni aisance, ni indépendance aucune, le droit de suffrage a été continué au même titre par un acte du parlement qui l'a confirmé sous une forme différente. En vertu de cet acte tout homme libre (*freeman*) payant deux livres de loyer (50 fr.) est électeur ; c'est là le taux le plus bas du cens électoral. Au-dessus de ce taux, il faut, d'après le bill de réforme de 1832, excepté pour les *livery-men* (membres de corporations), être *franc tenancier* à divers titres, de biens rapportant dix livres sterlings (250 fr.), ou fermier de biens payant au propriétaire, au *landlord*, cinquante livres sterlings (1,250 fr.).

On voit, d'une part, que le fermier est dans la dépendance, pour son vote, du seigneur de la terre, du *landlord* qui est maître de lui enlever son fermage ; et de l'autre, que l'électeur à 50 fr. de loyers est également dans la dépendance de l'aristocratie, qui n'a que trop le moyen de payer son vote De là les dons ou promesses d'avantages quelconques à des hommes généralement dans le besoin ; de là les banquets, les saoûleries (ignoble expression qui peint une ignoble chose), et tous les moyens de ruse ou de violence qui, en dépit de lois attestant seulement l'impossibilité de maintenir la moralité dans les élections, continuent de les vicier chez nos fiers voisins de la manière la plus honteuse.

Ce vice n'est pas nouveau. Dès 1571, la corruption existait dans les bourgs, qu'on a depuis appelés *bourgs pourris*. Celui de Westbury fut condamné cette année même à une amende, pour avoir reçu de Thomas Long, « homme simple et de petite capacité, » un présent de quatre livres pour assurer son élection. Le maire était au nombre de ceux qui avaient accepté salaire!

Voici la manière dont Hallam parle des nombreuses localités où de semblables trafics ont continué d'avoir lieu : « Misérables villages, dit-il, que la *corruption* « et le parjure défendent à peine de la famine. »

L'influence exercée par le gouvernement anglais sur les élections n'est pas, non plus, chose nouvelle. Dès le règne d'Elisabeth, et longtemps auparavant, le gouvernement usait de cette influence, non-seulement par menées secrètes, mais aussi par instructions ostensibles. Une circulaire d'Edouard VI, et une de la reine Marie, avant l'assemblée du parlement de 1554, en font foi.

Aujourd'hui (en 1841) n'avons-nous pas vu toutes ces influences, tous ces honteux marchés, toute cette corruption se développer sur une échelle immense dans les élections qui ont ramené les *tories* au pouvoir? C'est à grand renfort d'argent que ces saturnales ont eu l'animation et le grotesque entrain qui en ont fait un si scandaleux spectacle pour les nations étrangères. D'après les journaux anglais eux-mêmes, le duc de Cleveland a dépensé lui seul 100,000 livres sterl. (2,500,000 fr.) pour les élections wighs. Un ministre, M. Hobhouse, a dépensé pour sa propre élection à Nottingham, plus de 1,000,000 fr.; enfin, selon les évaluations faites par ces mêmes journaux, les *tories* n'ont pas, dans cette honteuse lutte, sacrifié pour leur part moins de soixante-quinze millions de francs !

A ces calculs qui n'ont rien que de sérieux, aux désordres, aux combats qui vont jusqu'à l'effusion du sang, jusqu'au meurtre [1], il faut ajouter des épisodes burlesques tels que celui de ce manipulateur d'élections qui fit imprimer effrontément dans les feuilles anglaises l'avis suivant : « Une personne qui désire « emprunter 200 livres sterl. (5,000 fr.) à intérêt, « offre ses services *gratuits* pour les élections. Cette « personne est accoutumée à parler en public ; elle

[1] Voir les journaux anglais rapportant les scènes électorales des 27, 28, 29 et 30 juin 1841, où les violences allèrent jusqu'aux coups de fusil et de pistolet tirés des fenêtres par des partisans *whigs* ou *tories* les uns sur les autres.

« accompagnerait un candidat dans ses démarches « électorales, haranguerait les *meetings*, écrirait des « lettres, enfin se dévouerait de toute manière à l'é- « lection. S'adresser, franc de port, etc. »

Tout récemment (janvier 1842), un exemple d'une autre nature, bien déplorable, se présentait à Dublin. M. Schow, juge criminel, ancien membre de la chambre des communes, est appelé à juger un sir Brett, accusé de plusieurs vols. Ce sir Brett ne veut pas être jugé, et dit au juge : « Je vous ai rendu assez de ser- « vices pour que vous m'accordiez la faveur d'une « remise. N'est-ce pas moi qui vous ai procuré de « faux électeurs ; n'ai-je pas été votre protecteur lors « des élections ?... »

Encore une fois, qu'avons-nous à envier dans tout cela, si ce n'est peut-être l'or qui fait commettre de telles turpitudes?

Au demeurant, deux choses graves sont à considérer. La première, c'est que si l'Angleterre, malgré cette dégradante énumération, est aujourd'hui le vrai type du gouvernement représentatif, elle paie cher cet avantage en l'achetant au prix de la dignité humaine avilie dans les élections. La seconde, c'est que bien fausses seraient nos idées à cet égard, si nous pensions qu'en Angleterre le pouvoir représentatif fût au détriment de la majesté de la couronne.

Il y a solidarité entre la couronne et l'aristocratie, dans les chambres et hors des chambres. L'aristocratie glorifie la couronne par intérêt pour sa propre gloire. Le peuple imite l'aristocratie dans sa vénération, comme il l'imiterait dans son insolence. De là l'universel respect qui, en Angleterre, continue d'entourer le trône.

Le pompeux cérémonial du couronnement témoigne de cette étroite alliance entre la couronne et l'aristocratie. Au milieu des fêtes les plus éclatantes, à la faveur de ce luxe inouï qui jette sur le monarque un si brillant prestige, la pairie vient prendre solennellement sa part de royauté. Quand l'archevêque a posé la couronne sur la tête du nouveau roi, tous les pairs du royaume, qui étaient découverts, posent sur leurs têtes leurs propres couronnes, et semblent dans ce moment marcher ses égaux. L'archevêque, pour rappeler le droit divin que nous nous enorgueillissons de ne plus reconnaître, prononce ensuite ces paroles : « La dignité royale vous est conférée aujourd'hui, au nom et par la puissance de Dieu, et par les mains de NOUS [1] les évêques ses serviteurs indignes. »

Lors de l'intronisation, le roi ne monte les degrés du trône que soutenu et pour ainsi dire porté [2] par

[1] Ainsi imprimé dans le cérémonial : *by hands of* US.

[2] *Lifted up*.

l'archevêque, les évêques et les autres pairs. Enfin, tout ce symbolique cérémonial est tellement une affaire entre la pairie et la royauté, que les membres de la chambre des communes, qui le croirait? ne sont point admis, comme corps, à cette cérémonie toute féodale.

Cette dernière expression est pleinement justifiée par les détails de l'*homage-lige*, détails qui furent observés en 1838, au couronnement de la reine Victoria, comme ils l'étaient au moyen-âge. L'archevêque et les évêques, pairs spirituels, à genoux, prêtent le serment suivant : « Je serai fidèle et ferai loyalement le service des terres que je reconnais tenir de vous, comme étant aux droits de l'église. » Viennent ensuite les pairs temporels, selon l'ordre hiérarchique, qui s'agenouillent, ôtent leurs couronnes, et disent l'un après l'autre : « Je deviens votre *homme-lige*, d'esprit et de corps, votre obligé territorial, etc. »

Ceux qui seraient surpris de voir au dix-neuvième siècle la libre Angleterre conserver ainsi les usages de la féodalité, le seront bien plus encore en apprenant que les ministres de la Grande-Bretagne, mandés pour l'accouchement de la reine, revêtent l'*uniforme* (en bon français la *livrée*) du palais de Windsor, et que des gentilshommes, possesseurs d'un million de revenu, tiennent à honneur d'être autorisés à porter, sur les boutons de leur habit de cérémonie, la lettre initiale de tel ou tel prince du sang royal, comme en France les valets portent sur leurs boutons la première lettre du nom de leur maître.

Revenant à des choses plus sérieuses, disons que, bien que le gouvernement anglais soit *parlementaire* par excellence, bien que le monarque, à son avénement au trône, jure « de gouverner selon les statuts, « les lois et coutumes du parlement » ce parlement, de même qu'en France, ne peut s'assembler que sur un ordre du roi ; que le roi seul peut le proroger ou le dissoudre ; enfin, qu'il peut rejeter (ce qu'on semble ignorer en France) un bill admis par les deux chambres, et empêcher ainsi tout empiétement sur ses droits. Ceci rapproche considérablement la constitution anglaise de la nôtre, en assurant au monarque son tiers d'action dans le gouvernement, et prouve que le parlement n'a pas l'omnipotence qu'on lui suppose.

En tous cas, les hommes de progrès qui voudraient voir notre gouvernement *constitutionnel* se modeler exactement sur le gouvernement *parlementaire* anglais, ont oublié de nous proposer de revenir au droit divin pour le monarque, de replacer des couronnes sur la tête des pairs, de faire revivre le serment d'homage-lige, et surtout d'exclure les députés de la nation le jour du couronnement !

Après avoir signalé l'aristocratie empreinte dans tout ce qui concerne la royauté, la pairie, l'électorat, l'éligibilité, si nous considérons les institutions qui touchent de plus près aux intérêts des masses, nous verrons que les nôtres l'emportent encore sur elles en libéralité.

Est-ce par la liberté individuelle, par l'égalité devant la loi que l'Angleterre prime les autres nations, et sa loi d'*habeas corpus* mérite-t-elle d'être tant vantée?

Sans doute, le citoyen anglais ne peut être mis en état d'arrestation que d'après des formes légales pleines de sagesse ; mais n'avons-nous pas aussi l'article 4 de notre charte, selon lequel « nul ne peut être poursuivi ni arrêté que dans les cas prévus par la loi et dans la forme qu'elle prescrit? »

A l'égard de l'*habeas corpus*, ceux qui en connaissent l'esprit et la lettre ne peuvent hésiter à l'appeler la plus injuste et la plus aristocratique des lois. Le pouvoir de l'argent y paraît en première ligne. Le pauvre arrêté comme prévenu d'un délit, va droit en prison. Le riche arrêté pour un délit, ou même pour un crime, pour un meurtre, pourvu qu'il ne s'agisse ni de *félonie*, ni de *haute trahison*, ni de *petite trahison*[1], donne caution, engage une somme d'argent

[1] Petite trahison (*petty treason*), crimes dans l'ordre civil, qui

au lieu de sa liberté, et continue de vaquer à ses affaires ou à ses plaisirs ; de sorte que, jusqu'au jour du jugement, l'innocent peut être en prison, et le coupable rester libre. Ajoutons que si ce dernier ne veut pas risquer les chances du verdict, il peut abandonner la somme engagée comme caution, et aller jouir ailleurs de l'impunité. Beau résultat, vraiment, et bien digne du principe !

En France, du moins, l'art. 113 du Code d'instruction criminelle porte que « la liberté provisoire (sous caution) ne pourra être accordée au prévenu lorsque le titre de l'accusation emportera une peine afflictive ou infamante, » et cette législation est en ce moment même l'objet de nouvelles améliorations.

Est-ce l'obtention de la justice, facile à tous, que nous devons envier à l'Angleterre ? Là, plus qu'ailleurs, les procès s'éternisent, surtout quand de grands intérêts pécuniaires y sont attachés. Est-ce la distribution de ses arrêts, à tous, sans conditions ni entraves ? Là encore nous rencontrons le pouvoir de l'argent. Récemment, dans une cause qui, certes, n'excite pas chez nous de sympathie, la trop célèbre *Contemporaine* voulant faire au *Times* un procès en

ont de l'analogie avec ceux de haute trahison dans l'ordre politique ; par exemple : un domestique qui tue son maître ; une femme qui tue son mari ; un ecclésiastique qui tue son évêque. (*Blackstone*).

diffamation, a été obligée de déposer vingt livres sterlings (500 fr.), condition nécessaire, à Londres, pour être autorisé à commencer ce genre de poursuites. D'où il résulte que quiconque n'a pas 500 francs à déposer avant de réclamer la protection des lois, peut être impunément diffamé.

Est-ce la liberté religieuse des trois royaumes qu'il nous faut admirer ? Ah ! sans rappeler ici la sanglante spoliation des catholiques par les protestants, la misérable situation de l'Irlande, les iniques et insultantes exclusions dont la réforme de 1832 n'a affranchi qu'en partie le catholicisme, est-ce en France qu'on peut comprendre cette universelle hypocrisie de la population anglaise, qui, corrompue plus qu'aucune autre, et comptant pour rien la moralité dans les rouages de la machine politique, met un masque le dimanche, masque dévot qui lui impose, sous peine d'amende, l'obligation de ne vaquer à aucune affaire, de ne se livrer à aucun plaisir, même le plus innocent, et qui semble transformer pendant vingt-quatre heures la Grande-Bretagne en un couvent, moins occupé de la prière que dévoré par un mortel ennui !

Est-ce la liberté de la presse dont nos voisins jouissent plus pleinement que nous? Tranchons la question tout de suite, en disant que cette liberté est égale chez les deux peuples, et que la seule différence est dans la répression de ses abus, chez nous plus ou moins active, et presque nulle à Londres. La raison de cette différence, remarquons-le bien, n'est pas dans la loi anglaise; il n'est dit nulle part que les déportements de la presse ne pourront être poursuivis ni réprimés; mais deux motifs rendent fort rare cet acte de la vindicte publique. Le premier réside dans cette aristocratie arrogante et forte qui, se croyant inébranlable dans sa puissance, s'effraie peu des violences de la pensée, et crosse avec mépris les orateurs de taverne et les écrivains démagogues. Le second, c'est que dans leurs plus grands excès, les organes des opinions diverses respectent la majesté royale, et ne mettent jamais en jeu la couronne. C'est par exception qu'on a vu quelques écrivains imprudents ou grossiers se permettre, contre la reine actuelle, des attaques dont la population a fait justice en ne s'en occupant pas. En est-il de même chez nous, où la liberté de la presse a si souvent montré qu'elle ne connaît pas de bornes dans ses provocations et ses outrages!

Au surplus, les délits de la presse ne sont pas en Angleterre sans répression possible. Les chambres, par exemple, ont le droit de juger et emprisonner ceux qui les insultent par la voie de la presse ou autrement. L'exercice de ce droit est devenu fort rare, par les raisons que nous avons indiquées; autrefois il l'était beaucoup moins. Sur les onze premiers délinquants que le parlement fit mettre à la Tour de Londres, dix étaient des journalistes ou autres écrivains politiques. En 1799, le grand juge confirmant l'arrêt d'emprisonnement d'un journaliste, B. Flower, prononçait ces paroles remarquables : « Si jamais le « temps vient où des factieux cherchent à renverser « notre gouvernement, ils commenceront leur ou- « vrage par calomnier les cours de justice et les cham- « bres du Parlement, » paroles dont la conduite des factieux qui tentent aujourd'hui de troubler la France fait voir toute la justesse, et qui rappellent avec un frappant à-propos les injures dont notre chambre des pairs a dû, dans l'intérêt de l'État, tirer une vengeance solennelle.

Est-ce enfin par la libre accession aux emplois publics que l'Angleterre offre aux nobles ambitions un appât qu'elles ne trouveraient point en France? C'est vainement qu'on cherche au sein de cette inexorable aristocratie, dix noms d'hommes de mérite parvenus d'une humble condition aux premières dignités de l'état, tandis que nous en pouvons citer mille, depuis cinquante ans, qui partis des derniers rangs, sont arrivés aux plus hautes fonctions dans l'administration, dans la magistrature, dans l'armée, et n'ont dû leur illustration qu'à leur mérite et à leurs services. Nos révolutions de 1789 et de 1830 ont été, de toutes les révolutions du monde, les plus fécondes en palmes pour les grandes qualités et les hautes intelligences.

L'état militaire demande ici quelques détails. Tous nos soldats, on l'a dit avec raison, peuvent devenir maréchaux de France, et d'illustres exemples ne nous manquent pas. Mais, savez-vous qu'un soldat anglais ne peut même devenir capitaine? Savez-vous qu'en Angleterre une compagnie, un régiment s'achètent comme une propriété, pourvu qu'on ait permission du roi de faire cet achat? Savez-vous qu'il n'y a de décoration ni pour le soldat, ni pour l'officier; que le sang versé sur le champ de bataille, que les membres enlevés par le feu de l'ennemi ne sont compensés que par l'argent, et jamais par ce signe de la bravoure que le Français voit avec tant d'orgueil et de joie placé sur sa poitrine [1]? Savez-vous que le soldat anglais n'est jamais libéré, et qu'il est tenu de servir toute sa vie? Savez-vous que pour prix de tant d'abnégation, de tant de sacrifices, il est régi par la discipline des esclaves, au sein de ce pays prétendu de la liberté; qu'il

[1] Une pétition a été présentée inutilement par les officiers de l'armée anglaise à la reine Victoria, au mois de janvier 1841, pour supplier Sa Majesté de créer une décoration semblable à celle de la Légion-d'Honneur, pour récompenser les beaux faits d'armes et la bonne conduite militaire.

est frappé plus légalement, mais aussi cruellement, que le soldat allemand ou le soldat russe, et que son corps est déchiré par le fouet [1] pour des fautes de discipline qui, chez nous, ne conduisent qu'à la salle de police ou au cachot ?

J'ai entendu un officier anglais de grande distinction, sir N. C., qui commanda les troupes de la croisière anglaise devant l'île d'Elbe, en 1814 et 1815, dire : « Je donnerais à l'instant ma démission, si la peine du fouet était abolie dans l'armée britannique. »

La *presse* des matelots, cet enlèvement arbitraire des fils à leurs pères, quels que soient les vœux et les intérêts de la famille, parce que l'État a besoin d'un renfort de marins et parce qu'on a le malheur d'habiter sur le littoral, complètent le tableau de la noble carrière des armes et de la marine en Angleterre, et des félicités qu'elle réserve aux hommes du peuple appelés à en courir les chances.

[1] Cent coups de fouet infligés le 3 avril 1841, à un soldat du régiment royal d'artillerie, pour avoir manqué à un sergent. L'exécution commencée par un tambour et achevée par un autre.

Le 30 avril 1841, cent cinquante coups de fouet infligés à un soldat du 60e régiment de tirailleurs royaux, pour avoir disposé d'une partie de ses effets militaires.

Le 11 avril, même année, supplice du même genre infligé à un soldat du 11e de hussards. Le général en chef publie, le 22, un ordre du jour pour témoigner son déplaisir. . . de ce que cette exécution a eu lieu le dimanche ! (*Courier anglais.*)

Après cette esquisse des principales institutions anglaises, esquisse que je n'hésiterais pas à jeter au feu, si quelqu'un me prouvait qu'elle est mensongère, entrons dans un autre ordre d'idées. Supposons, ce que je nie, que ces institutions soient supérieures aux nôtres, et demandons si les Anglais en sont plus heureux et plus sages.

Plus heureux, est-ce à dire plus riches? je n'en fais pas le moindre doute, s'il s'agit de la classe opulente, depuis le lord qui, possédant 200,000 liv. sterl. (5 millions de francs) de revenus, vit au milieu de toutes les jouissances que la terre peut donner, jusqu'au simple bourgeois possesseur d'une aisance qui serait en France une fortune, jusqu'au modeste fermier à qui son travail et les conditions de son fermage donnent une existence matérielle large et abondante. Encore pourrait-on examiner si la satiété ne gâte pas le bonheur dont il s'agit, et si tout le mal, dans les états modernes, ne vient pas de cette prééminence exclusive donnée aux contentements matériels, examen que je ne veux pas faire en ce moment. Mais, pour la masse du peuple. pour cette multitude qui doit vivre de son labeur au jour le jour, certes la peinture qu'en font les Anglais eux-mêmes n'est de nature à faire envie à aucun peuple du monde !

En effet, jamais le contraste qu'offrent le luxe de l'aristocratie et la détresse de la classe ouvrière n'a été plus marqué qu'aujourd'hui. Liverpool, Birmingham, Manchester, si célèbres par leurs manufactures, sont d'effroyables centres de paupérisme, et selon l'expression anglaise, des *fabriques de criminels*. Les ouvriers y sont exténués par le travail ; les enfants y sont énervés, abrutis sous le fouet du contre-maître, et la misère va croissant par la diminution des salaires.

A Skipton, sur une population de 16,600 habitants, il y a 4,500 individus qui subsistent avec un salaire moyen de 10 deniers 3/4 (environ 22 sous) par *semaine* [1].

A Nottingham, des bandes de deux à trois cents ouvriers à la face amaigrie, au regard sombre, parcourent les rues, précédés d'un écriteau où sont tracés ces mots : *La misère et pas d'ouvrage* [2].

A Londres, des milliers de familles vivent entassées pêle-mêle dans des bouges infects, pires que tout ce qu'on peut voir de misérable dans les faubourgs de Paris : espèces de caves, sans portes ni fenêtres, et qui n'ont pour plancher qu'un sol humide. Le pain y est plus cher qu'à Paris de trois sous par quatre livres, et six sous pour le pain de qualité supérieure [3].

[1] Journal le *Sun*, 20 janvier 1842.
[2] *Standard*.
[3] *Sun*.

Plusieurs quartiers de cette immense cité souffrent de la même misère [1]. La cour de *Common council* a décidé (janvier 1842) qu'une adresse serait présentée au roi de Prusse, lors de son séjour dans la capitale, mais sans invitation à un banquet dans Guild-Hall, *à cause de la misère publique*. Des familles de six à huit individus n'ont souvent pour subsister que ce qui est nécessaire à un seul. Quant aux haillons qui couvrent ces malheureux, on ne saurait s'en former une idée. Les quartiers qu'ils habitent sont à peu près hors la loi, tant les moindres notions de moralité et de légalité sont étrangères à cette population misérable.

Cet état de détresse peut-il changer dans un pays où les terres sont à peu près libres de toute redevance, et où presque tout le revenu de l'État est fondé sur les impôts de consommation ; dans un pays où les ressources du trésor étant évaluées à 53 millions de livres sterl. (1,325,000,000 fr.) l'impôt direct sur les terres compte seulement pour 38,250,000 fr., c'est-à-dire, dans la mince proportion de 1 pour 33 ? Cette misère peut-elle cesser, quand six cents familles patriciennes qui, depuis huit cents ans, possèdent tout

[1] *Saint-Gilles*, le voisinage de *Drury-Lane*, *Saint-George in the fields*, et tous les quartiers à l'est de Londres.

le territoire de la Grande-Bretagne, vendent le blé au peuple le double de ce qu'il vaudrait si une modification à la loi des céréales permettait l'introduction des blés étrangers aux conditions si sagement combinées par l'administration française ? Peut-elle cesser, quand en 1840 ces *landlords*, ces possesseurs de la terre, en faisant payer 75 schellings le *quarter*, au lieu de 48 qu'il aurait pu valoir selon nos tarifs, ont bénéficié de la somme énorme de 34 millions de livres sterl. (697,000,000 fr.).

La discussion qui vient d'avoir lieu au parlement. et qui a excité de nouveaux désordres à Londres et ailleurs, les insignifiantes modifications à la loi des céréales, provoquées par sir Robert Peel, ne sont qu'un vain palliatif aux souffrances de la population ; l'avenir le prouvera.

Dans une réunion publique tenue le 30 décembre 1841 à la grande taverne de Londres, sous la présidence de M. Montgomery Martin, au sujet d'un plan national d'émigration, la résolution suivante a été adoptée : « Une commission sera nommée pour se rendre auprès du lord-maire, et solliciter de sa seigneurie la convocation d'une assemblée publique ayant pour objet de prendre en considération la nécessité d'une émigration aux colonies anglaises, comme un soulagement à apporter à la misère qui afflige en ce moment une grande portion des habitants du Royaume-Uni; et dans le cas où le lord-maire refuserait cette autorisation, la commission prendra toutes autres mesures qui lui paraîtront propres à atteindre le but qu'on se propose. [1] »

La *taxe des pauvres* est loin de suffire à calmer tant de maux; et pourtant elle s'élève à un chiffre formidable : plus de deux cents millions de francs pour l'Angleterre, et près de cent millions pour l'Irlande. Cet impôt n'est pas nouveau ; il date de la révolution de 1688, époque de la suppression des couvents, abbayes et autres établissements religieux catholiques, qui nourrissaient les pauvres de chaque comté ; il existait déjà sous Henri VIII, et c'est par un acte de la quarante-troisième année du règne d'Élisabeth qu'il a été constitué en véritable contribution forcée. D'après une loi nouvelle, les pauvres qui se sont fait inscrire comme tels, sont renfermés dans des dépôts et astreints au travail

Quoi qu'on puisse dire, le développement de l'industrie et l'invention de ses plus admirables machines, qui peuvent enrichir les chefs de fabrique, sont un véritable fléau pour la classe ouvrière. Ils ne font qu'accroître le paupérisme, et par suite, les hôpitaux, et les

[1] *Standard.*

prisons. On oublie trop que les produits sont faits pour les hommes, et non les hommes pour les produits. On fait descendre l'ouvrier au niveau, que dis-je ? au-dessous de la machine, et l'on semble ne pas comprendre que les travailleurs, devenant peu à peu inutiles aux capitalistes, sont de plus en plus à la discrétion de ceux-ci qui peuvent mettre à un rabais indéfini le salaire des bras qu'ils emploient encore.

Voici comment sir Robert Peel s'exprimait, le 9 février 1842, à la chambre des communes, au sujet du nouveau projet de loi des *céréales* et à l'importation du blé étranger : « L'examen et l'appréciation de cette « question ont lieu, et c'est là une malheureuse coïn- « cidence, dans un moment où l'on a à gémir sur une « grande détresse commerciale... Je dois dire, en gé- « missant tout le premier sur cette détresse, et en « déplorant ces souffrances populaires, que je ne sau- « rais les attribuer seulement à l'effet des lois sur les « céréales... Entre autres causes, je citerai les im- « menses développements matériels donnés à l'indus- « trie au détriment de l'agriculture, et l'augmentation « incroyable de la puissance mécanique dans nos « fabriques, qui assurément devaient produire des « effets *remarquables*..... Personne plus que moi « n'apprécie ni ne déplore les tristes effets de cet

« état de choses; mais dans un grand empire ma« nufacturier comme le nôtre, c'est à l'organisation « même de la société que sont attachés les maux iné« vitables auxquels il ne sera pas donné aux lois que « je proposerai, de pouvoir porter remède... Il « est bien évident que la subite amélioration des « machines et la diminution proportionnelle des de« mandes de bras doivent peser lourdement sur les « classes qui demandaient et qui devaient leur pain « aux travaux manuels... »

Est-ce là le bien-être que veulent répandre dans notre classe ouvrière les prôneurs exclusifs des perfectionnements de l'industrie !

La Russie voit plus clair que l'Angleterre et que nous dans le résultat du système manufacturier. Quand un industriel ouvre un atelier, on exige de lui qu'il ouvre à côté un hôpital... Quatre lits lui sont imposés par cinquante ouvriers qu'il emploie.

Si la population pauvre de la France est moins misérable que la population pauvre de l'Angleterre, c'est parce que la France est plus agricole que manufacturière.

Certes, nous avons aussi de grandes plaies, de grandes misères, de trop nombreux suicides amenés par la faim et le désespoir; mais, chose qu'on refuserait de croire si elle n'était pas authentiquement constatée, c'est que « quatre ou cinq personnes, par nuit, se précipitent dans la Tamise [1]. »

Le mépris des bonnes mœurs suit naturellement, à Londres, la progression de la misère, comme il suit aussi, dans une autre classe, le mouvement ascensionnel de la richesse qui porte l'homme à se mettre au-dessus des lois de la morale. D'un côté, des lords dont quelques-uns sont parfois relevés ivres dans la rue, prennent pour épouses des servantes ou des prostituées; de l'autre, les petits bourgeois et les prolétaires se passent du mariage, ou vont se marier, contre le vœu des familles, devant je ne sais quelle enclume qui leur sert d'autel. La prêtresse du fameux temple de l'hymen, connu sous le nom de *Stark-Toll-Bar*, lors du jugement qu'elle a dernièrement encouru pour crime de bigamie, a déclaré que treize cents couples ont été mariés par elle dans les dernières années; et ce nombre de prétendus mariages est indépendant de ceux qui ont été faits par le forgeron de *Gretna-Green*. Il est vrai qu'on peut vendre ensuite sa femme pour quelques schellings ou quelques mesures d'eau-de-vie [2].

Un si déplorable état n'est pas le résultat des imper-

[1] Fait établi par un jugement de police rendu, à Londres, au mois d'octobre 1841.

[2] L'année dernière a encore fourni plusieurs exemples de cette

fections de l'humaine nature; il est aussi le produit de la constitution du pays. De la monstrueuse inégalité des fortunes, sont nés l'orgueilleux dédain des classes élevées et la profonde corruption des classes inférieures. De l'établissement d'une religion dominante et tyrannique, a surgi une sorte d'hypocrisie officielle qui n'impose ni au riche ni au pauvre un seul devoir que le sentiment religieux lui commande d'accomplir.

Aussi, la criminalité est grande sur le sol britannique, beaucoup plus grande que sur le sol français. En 1834, on y comptait 22,451 accusés de crimes; en 1837, 23,612; en 1840, 27,187; augmentation, 30 p. 0/0. En France, où la population est de moitié plus nombreuse, on comptait, en 1835, 7,223 accusés de crimes; et en 1839, 7,858; augmentation, 9 p. 0/0. Différence, à la défaveur de l'Angleterre, 21 p. 0/0 [1].

Si les mœurs sont le résultat des institutions, la

brutale immoralité. Un ouvrier, nommé Rodney-Hall, demeurant près de Penkrindge, a conduit en ville sa femme, à laquelle il avait passé une corde autour du corps. Voulant la vendre, il lui a fait faire deux fois le tour de la place du marché. Il a rencontré sur la place, un autre ouvrier nommé Barlow, qui a acheté cette femme pour 36 sous et un quart d'ale. Les parties contractantes se sont rendues à l'auberge de la Porte-Bleue pour y ratifier le marché. — Août 1841. (*Staffordshire advertiser*).

[1] Statistique de M. Moreau de Jonnès.

question est jugée : les institutions anglaises valent moins que les nôtres.

La manière dont j'ai procédé montre suffisamment que je ne demande pas à être cru sur parole. Qui appellerai je encore à mon aide pour constater ce misérable état moral? Lord John Russell, parlant à la chambre des communes. — Voici comment le chef du cabinet whig s'exprimait il y a moins d'un an, en proposant un bill pour l'augmentation de la force armée destinée à agir contre les chartistes, et à réprimer les agitations populaires devenues si menaçantes pour la métropole :

« Depuis longtemps, déjà, on a fait des tentatives persévérantes, dispendieuses même, pour exciter la haine du peuple contre les lois du pays. Ces tentatives ont pris différentes formes, et n'ont pas commencé par l'agitation qui a soulevé depuis peu ce qu'on a appelé la charte du peuple. Elles se sont tournées d'abord contre la loi du paupérisme. On a dit au peuple que la loi était si contraire aux principes de toute justice, qu'elle n'avait aucun titre à l'obéissance, et que le peuple avait le droit de lui résister. Nous avons vu un homme se qualifiant ministre de l'Evangile et prédicateur des doctrines de la Bible, dire au peuple, en parlant de la loi des pauvres et de quelques autres lois regardées par lui comme tyranniques, que les commandements de Dieu : « Tu ne tueras point, » et « Tu ne déroberas point » *étaient suspendus* et avaient cessé d'être en vigueur ; et que, pour résister à ces lois, le peuple avait le droit ou de prendre le bien de son prochain, ou de tuer ceux qui voudraient lui imposer ces lois.

« Depuis peu, une nouvelle espèce d'agitation a été mise en avant par des hommes qui ont dit au peuple que le *suffrage universel*, et autres mesures semblables, étaient nécessaires à son bien-être. Il ne faut donc point s'étonner que le peuple, déjà prédisposé, embrasse avec passion des doctrines qui lui enseignent, d'un côté, que tout individu, laborieux ou oisif, jeune ou vieux, quel qu'il soit, a droit à sa subsistance, et que l'Etat est tenu de la lui fournir ; et d'un autre côté, que tout homme a le droit de suffrage dans la représentation du pays, et qu'avec des représentants ainsi nommés, le pays doit être gouverné de façon à ce que chacun ait part égale dans ses produits. On a dit aux laboureurs que chaque individu a droit à une portion de terre, et que toute la propriété territoriale devrait être partagée également. Dans les districts manufacturiers, on a déclamé avec la même violence contre les propriétaires de grandes fabriques.......

« Un symptôme plus grave encore s'est manifesté ;

ces manœuvres ont pris une organisation plus régulière, et tout un système d'association a été mis au jour. Ces sociétés sont d'abord composées de peu de membres : ces membres nomment un délégué à une société plus forte, et le point central est une réunion de sept ou huit personnes qui siégent à Londres et qui donnent les instructions générales. Cette combinaison a donné naissance à un corps qui prend audacieusement le titre de Convention générale. Il n'y a pas à se méprendre sur de tels actes : le but avoué est une subversion totale des institutions du pays.

« Dans tous les placards, dans toutes les proclamations des agitateurs, je vois que leurs plaintes s'adressent à la constitution même de la société. Selon eux, la société est ainsi constituée qu'ils ne peuvent y trouver le moyen de vivre, et ils demandent un changement de lois pour changer la société. Je ne pense pas qu'aucune loi puisse améliorer leur condition. Et je ne parle pas d'une loi partielle, je parle d'une rénovation totale de la Constitution, et je dis qu'elle ne diminuerait en rien le nombre des malheureux et des mécontents, mais qu'en bouleversant la condition des riches, elle serait encore plus fatale au bien-être et aux ressources du peuple.

« Bien que nos lois contiennent en elles-mêmes des dispositions suffisantes pour maintenir la liberté en même temps que la tranquillité, il faut dire néanmoins que les moyens de les appliquer sont devenus insuffisants, eu égard à l'accroissement de la population. C'est ainsi que dans certains districts manufacturiers, nous trouvons des masses considérables de peuple qui grandissent dans un état de société déplorable et effrayant à contempler. Ce n'est pas une société que l'éducation prenne au sortir de l'enfance, qui ait des liens de prière, qui apprenne à respecter la propriété en la voyant consacrée à des œuvres charitables; presque toujours elle se compose de classes pauvres, elle n'a aucun rapport avec ceux qui lui donnent du travail, et ne connaît ni écoles ni églises. . . . . . »

Qu'ajouter à une pareille peinture ?

Prêtez l'oreille.... N'entendez-vous pas une vaste clameur que le vent nous apporte d'au delà de la Manche? C'est la voix de cent mille chartistes, de cent mille réformistes, de cent mille victimes de la loi des céréales, qui, le teint hâve, le corps à peine vêtu, s'élancent de Birmingham et de Manchester sur la ville de Londres qu'ils semblent vouloir dévorer. Reconnaissez-vous là le peuple heureux et florissant que vous avez rêvé ? ce peuple modèle, dont vous auriez peur si vous vous trouviez avec lui face à face ?... Heureusement, voici qu'un secours vous arrive, et ce secours vient de cette aristocratie que vous ne connaissez guère mieux. Un noble lord, un tory, de ceux qui peuvent dépenser des millions sans rien changer à leur confortable manière de vivre, organise à ses frais un corps de cavalerie volontaire, pour tailler en pièces, avec l'autorisation du gouvernement, cette tourbe insolente [1], et plusieurs de ses amis se proposent d'en former de semblables sur divers points du royaume, afin d'étouffer la rébellion des pauvres contre les riches..... Démence et pitié ! Au dix-neuvième siècle, au sein du pays le plus fier de sa liberté, les seigneurs chassant les vilains à coups de rapière !

J'ai montré que notre charte, nos lois, nos mœurs politiques n'ont rien qui doive être mis au dessous de la constitution, des lois, des mœurs politiques de l'Angleterre, dont la base est l'aristocratie pure, escortée du droit divin, du droit féodal, du droit d'aînesse et autres droits que nous ne connaissons plus. Quelques mots encore avant de finir.

Sans doute l'Angleterre est une grande nation; sans

[1] Proposition faite par lord Francis Egerton, à l'époque même où lord John Russel projetait un accroissement régulier de la force armée pour maîtriser les émeutes.

doute nous pouvons lui envier la domination des mers, l'étendue de son commerce et ses gains immenses : sans doute, et surtout, nous devons lui reconnaître cet instinct des intérêts nationaux, cette longue vue dans les projets utiles, cet esprit de suite dans toute entreprise propre à augmenter sa puissance, qui la font peser d'un si grand poids sur toutes les parties du globe. Mais, la France accepterait-elle ce lot, si avantageux qu'il puisse être et qu'il soit en effet, au prix des mœurs politiques les plus opposées à celles qu'elle travaille à se faire depuis cinquante ans, au prix du rétablissement de l'aristocratie qu'elle a étouffée, des priviléges qu'elle a abolis, de l'intolérance religieuse qu'elle a détruite ? Est-il en France un haut fonctionnaire de l'Etat qui, dédaignant d'une part la foule qu'il domine, de l'autre, consente à revêtir en cérémonie la livrée [1] du château ? Est-il chez nous un homme indépendant qui tiendrait à honneur de porter sur son habit le chiffre de tel ou tel prince, et se glorifierait ainsi de sa vassalité [2] ? Est-il un député de la nation qui, dans l'occasion la plus solennelle se résoudrait à être, vis-à-vis de la couronne, comme s'il n'était pas, et à n'intervenir en rien dans les affaires

[1] Voir page 32.
[2] Voir page 33.

de la pairie, tandis que la pairie interviendrait dans les siennes ? Est-il un électeur qui voulût assurer à coups de poing le triomphe de son candidat, et se vautrer dans la fange avinée des élections anglaises ? Où est le citoyen le plus humble qui, au milieu de l'effervescence populaire, courberait le dos, comme à Londres, sous le bâton du constable, et lui reconnaîtrait le droit de le frapper ? Où est le Français habitant du littoral, qui se laisserait arracher son fils arbitrairement, à l'improviste, pour aller grossir le nombre des matelots ? Où est le soldat qui pourrait, sans se révolter contre les lois du pays, voir son camarade, son frère d'armes, déchiré à coups de fouet pour une faute contre la discipline ?

Ah ! je le redis avec orgueil et conviction : Non, il n'est pas vrai que la France, constitutionnellement parlant, soit au-dessous de l'Angleterre. Non, il n'est pas vrai que, par sa politique et par ses institutions, l'Angleterre soit plus glorieuse et plus heureuse que nous. Sa politique d'astuce, de monopole, d'envahissements sans fin, a soulevé contre elle le ressentiment de presque toutes les nations. Le Canada, les Indes, l'Afghanistan, la Chine, sont d'immenses embarras extérieurs ajoutés à ses éléments intérieurs de trouble, à sa dette, à sa taxe des pauvres, à son déficit, à sa loi des céréales. Tôt ou tard, il lui faudra déchoir devant le commun effort des représailles extérieures. Tôt ou tard, à l'intérieur, il lui faudra subir une renovation, conséquence inévitable de ses institutions tant vantées; renovation qu'opérera d'une manière sanglante la main de ses millions de prolétaires déshérités du droit de vivre, et qui, dans leur rage convulsive, avant d'expirer par la faim, tenteront tout pour renverser de fond en comble la vieille aristocratie qui les condamne à mourir.

LES ETATS-UNIS.

Nous passons, sans préambule, de l'Angleterre aux Etats-Unis. Là s'offre à nos yeux un tout autre spectacle : la démocratie dans tout l'éclat du triomphe, l'aristocratie dans un complet abaissement ; les infériorités sociales, le front haut, maîtresses absolues du pays ; les supériorités, surtout celles de l'intelligence, n'obtenant qu'indifférence ou dédain.

Je n'ai point à tracer l'histoire des divers états de

l'Union. Je ne rappellerai que sommairement les événements politiques qui, vers le milieu du dix-septième siècle, jetèrent sur le continent américain une foule de religionnaires fuyant le sol britannique. On sait que l'intolérance de l'église anglicane envers les presbytériens, succédant aux persécutions dont le catholicisme avait été l'objet, força une partie de la population à s'expatrier. Les colonies formées d'abord dans la Virginie, dans Rhode-Island, et successivement sur d'autres points de l'Amérique du Nord, ne furent donc, dans l'origine, que des réunions de sectaires désireux de suivre en paix les rites conformes à leurs dogmes particuliers. Dès cette époque la diversité d'opinions religieuses y fut grande; elle l'est bien davantage aujourd'hui où l'on compte aux Etats-Unis plus de vingt sectes différentes.

Pendant cent ans ces petites colonies s'accrurent en nombre et en force, par les émigrations continuelles d'Europe dont elles profitèrent. Dépendantes de la métropole, recevant leurs chartes ou constitutions des souverains anglais [1], elles subirent avec soumission d'abord, mais bientôt avec impatience, les lois qui leur étaient imposées en matière de commerce. Après

[1] Telles que la charte de Rhode-Island, donnée par Charles II, en 1672.

de sourdes résistances, après des réclamations toujours éludées ou rejetées, le moment arriva où le joug devint trop lourd, et où les colonies résolurent de s'en affranchir. Ce furent les mesures fiscales, celles qui touchent à l'argent, qui déterminèrent la révolution, plutôt que les mesures qui touchent aux opinions politiques ou aux droits imprescriptibles que l'homme tient de la nature.

Un impôt connu sous le nom d'*acte du timbre*, auquel l'Angleterre, en 1764, voulut soumettre ses colonies, amena un refus formel que le célèbre Francklin vint, en personne, apporter à Londres. Plus tard, un *droit sur le thé* décida une rupture devenue inévitable. L'aveugle entêtement de la métropole et la résistance plus concevable des colonies amenèrent des collisions sanglantes ; la guerre fut déclarée en avril 1775; la bataille de Bunkershill, perdue par les Anglais, le 17 juin suivant, doubla l'énergie des Américains et accrut leur désir de liberté.

Ce fut la colonie de Virginie, la première fondée, qui eut l'honneur de proclamer l'indépendance américaine. Sa déclaration du 15 mai 1776, fut suivie d'une *déclaration des droits*, le 1er juin, et d'un *acte* solennel d'*indépendance*, le 4 juillet de la même année. Deux ans après, le 9 juillet 1778, les treize états alors existants se confédéraient a Philadelphie, protégés par l'épée victorieuse de Washington.

La lutte, soutenue avec persévérance par les deux nations, désormais séparées, dura jusqu'en 1781. La France était venue en aide à l'Amérique, et avait contribué à ses succès. La capitulation de Cornwallis, qui livra le 10 octobre de cette année toute l'armée anglaise aux Américains, finit cette guerre de sept ans, glorieusement menée par Washington et Lafayette, et l'indépendance fut solennellement reconnue le 30 janvier 1782.

Le protestantisme est de sa nature républicain. La libre discussion des dogmes religieux engendre nécessairement la libre discussion des principes de gouvernement, l'acceptation des uns, le rejet des autres. Il n'a fallu rien moins que l'aristocratie si fortement enracinée en Angleterre pour y maintenir jusqu'à ce jour l'autorité monarchique. Mais, sans nul doute, c'est à la cause que je viens d'indiquer qu'on doit rapporter la détermination que prirent spontanément les états nouvellement affranchis du joug britannique, de se jeter dans la voie républicaine.

L'œuvre fedérative du 9 juillet 1778, fut d'abord très-imparfaite. L'acte d'union des treize colonies, devenus états, avait institué un congrès général, une seule chambre, et n'avait point établi de pouvoir exécutif. Une sorte de convention assemblée en 1787, dans le but d'améliorer la constitution, y apporta quelques perfectionnements en 1789 seulement; et depuis lors, un assez grand nombre d'amendements y furent encore introduits.

Voici, en somme, le mécanisme de l'union américaine :

Chaque état est indépendant et souverain, excepté en ce qui concerne les pouvoirs délégués au congrès général.

Chaque état a un gouvernement, un sénat et une chambre des représentants, tous nommés par élection. — Les électeurs nomment les représentants et les sénateurs. — Les représentants et les sénateurs nomment le gouvernement.

Le congrès général, dont l'organisation est semblable à celle des états particuliers, est formé de sénateurs et de députés, délégués par ces états. Les délégués au sénat, élus par les deux chambres de chaque état réunies, sont le produit de l'élection à deux dégrès ; les délégués à la chambre des représentants, nommés par les électeurs ordinaires, sont le produit de l'élection directe ou à un degré.

Enfin, le président du congrès, autrement dit des Etats-Unis, est élu par le vote de tous les Etats. Chaque état désigne comme il l'entend un nombre d'électeurs égal au nombre de sénateurs et de représentants qu'il est en droit d'envoyer au congrès. Ces électeurs ne doivent être ni sénateurs, ni représentants, ni fonctionnaires relevant du gouvernement. Ils votent par ballotage pour deux personnes, dont l'une au moins doit être étrangère à l'état particulier, et envoient leur bulletin cacheté au président du sénat, au congrès général. Le candidat qui obtient la majorité est élu président; le second candidat à qui la majorité est ensuite acquise, est nommé vice-président. On sait que le vice-président, en cas de mort du président pendant la durée de son exercice, devient de droit président, sans qu'il soit besoin d'une élection nouvelle. C'est ainsi que M. Tyler est arrivé à la présidence des Etats-Unis, qu'il exerce aujourd'hui, par suite de la mort d'Harrison.

Chacun des états règle ses affaires intérieures. Le congrès seul règle celles de l'extérieur : la paix, la guerre, les traités de commerce.

La durée des fonctions varie dans les divers états, excepté pour les représentants qui sont renouvelés annuellement. Les fonctions de sénateur et celles de gouverneur durent deux ou trois ans, selon les états.

Quant aux membres du congrès général, leur exercice est de plus longue durée ; les sénateurs sont élus pour six ans, et les représentants pour deux.

Le président des Etats-Unis est élu pour quatre ans. Il jouit d'un traitement annuel,

Il est alloué 40 fr. par jour (8 dollars) aux membres du sénat et de la chambre des représentants. Les membres des chambres des états particuliers sont rétribués diversement.

Pour être fidèle au plan que nous avons adopté, disons maintenant comment est constitué le droit politique des Américains.

En dépit du principe démocratique, le droit politique aux Etats-Unis, en ce qui concerne la représentation nationale, l'admission aux chambres, est fondé comme en Europe sur la possession territoriale. Certaines positions, certaines professions libérales, donnant droit d'élection et même d'éligibilité, ne viennent qu'en seconde ligne ; et s'il est vrai que le vote électoral, en Amérique, soit plus universel qu'en Angleterre, il y a cependant des exclusions nombreuses, et dont la plupart sont en opposition flagrante avec tout vrai principe de libéralisme et de démocratie.

Pour être électeur, il suffit d'être âgé de vingt-un ans et de payer taxe. Il faut n'être ni pauvre, ni domestique, ni prêtre, ni indien, ni nègre, ni mulâtre.

Dans les états du Sud, on le sait, les nègres sont

esclaves. Dans les états du Nord, le noir et l'homme de couleur sont réputés citoyens, mais de fait, ils n'ont point le droit électoral : ils s'abstiennent de voter, ou bien on les omet sur la liste du *poll*. Dans certains autres états, celui de Connecticut, par exemple, ils sont formellement exclus. Dans celui de New-York, il faut, pour être électeurs, qu'ils possèdent une propriété de 250 dollars.

Ajoutons que dans quelques localités, les juifs sont encore privés du droit de cité.

Dans certains états, les droits terriens ont prévalu davantage ; il faut être, selon l'ancienne appellation anglaise, *franc tenancier* [1], ou posséder un bien fonds quelconque [2], ou être propriétaire d'au moins cinquante acres de terre [3]. Dans tel autre état, il suffit de payer taxe pour être habile à élire les représentants, mais il faut posséder cinquante acres de terre pour avoir droit d'élire les sénateurs [4]. Dans tel autre, enfin, par une exception tout aristocratique [5], les enfants des

[1] Constitution de la Virginie, 15 mai 1776. — Constitution de la Caroline du Sud, 19 mars 1778.

[2] Constitution du Tennessee, 16 février 1796.

[3] Constitution du Maryland, 14 août 1776.

[4] Constitution de la Caroline du Nord, 18 décembre 1776

[5] Constitution de la Pensylvanie, 28 septembre 1776.

francs tenanciers sont électeurs, bien qu'ils n'aient pas encore payé taxe.

Pour être représentant, il faut être âgé de vingt-un ans, de vingt-cinq ans, de trente ans, selon les divers états, payer une taxe plus ou moins élevée, ou posséder cent cinquante acres [1] ou deux cents acres [2], ou une propriété de cinq cents dollars [3].

Pour être élu sénateur, il faut être âgé de vingt-cinq ans, trente ans, ou trente cinq ans, posséder, ici, trois cents acres [4], là un bien de mille dollars [5].

Le gouverneur, dans chaque état, doit posséder en biens fonds, soit deux mille [6], soit cinq mille, soit dix mille dollars [7].

Dans la généralité des états, les délégués au congrès sont nommés par les deux chambres réunies; dans quelques-uns ils sont nommés par les représentants seulement [8], ce qui est une injuste exclusion pour les sénateurs, et une condescendance marquée pour l'esprit démocratique.

[1] Constitution du Mississipi, 15 août 1817.
[2] Constitution du Tennessee, 16 février 1796.
[3] Constitution de la Louisiane, 22 janvier 1812.
[4] Constitution de la Caroline du Nord, 18 décembre 1776.
[5] Constitution du Mississipi, 15 août 1817.
[6] Idem.
[7] Constitution de la Caroline du Nord, 18 décembre 1776
[8] Constitution de la Pensylvanie, 28 septembre 1776.

On comprend que le vote électoral étant établi à peu près sur les mêmes bases qu'en Angleterre, et le cens encore plus abaissé, la dépendance qui suit malheureusement l'absence de fortune se fait sentir dans les élections américaines comme dans les élections anglaises. En un pays où l'argent est tout, où tout se fait pour l'argent, il était facile de prévoir qu'il en serait ainsi. Les constitutions l'ont prévu, mais sans pouvoir l'empêcher; leurs dispositions pénales contre la corruption électorale ne l'ont détruite nulle part, et n'ont fait qu'apprêter à rire aux étrangers, peu édifiés du bas prix auquel sont tarifés les votes, quand ils lisent dans diverses constitutions américaines un article tel que celui-ci : « Tout électeur qui recevra pour son vote quelque don ou récompense *en nourriture, boisson ou argent*, subira une punition déterminée par la loi. [1] » La rédaction est naïve.

La pureté prétendue des élections américaines mérite donc que nous la fassions ressortir. Les agents du gouvernement, contrairement à ce qu'on pourrait croire, sont électeurs comme tous les autres citoyens. Les emplois n'ayant aucune garantie de durée, peu à peu les prétendants à la présidence se sont habitués à

[1] Constitution d'Ohio, 29 novembre 1802. — Constitution de Tennessee, etc.

les considérer comme le prix de leur victoire sur leurs concurrents, et comme un moyen de récompenser leurs amis et leurs soutiens. Tous les emplois, jusqu'aux plus humbles, jusqu'à ceux de surveillants de l'éclairage et du balayage, soixante mille emplois environ[1], sont renouvelés à chaque élection, à moins que les titulaires n'aient travaillé activement à assurer l'avénement du nouveau président; en ce cas, il les conserve pour s'acquitter envers eux.

Lors de l'opposition faite au général Jackson, toutes les compagnies destituèrent les employés sous leurs ordres, jusqu'aux inspecteurs de la voie publique, afin de les remplacer par des opposants; et cela parce que les balayeurs sous les ordres de ces inspecteurs votent aux élections.

Quant à la sagesse de ces purs démocrates pendant les élections, en veut-on un exemple? Lors de celles de 1833, ils s'excitèrent peu à peu, et finirent par se livrer pendant plusieurs nuits de suite au pillage et à l'incendie dans la ville de New-Yorck. Philadelphie fut également en proie aux dévastations des incendiaires.

[1] Agents administratifs et financiers.	12,144
Service militaire et affaires relatives aux Indiens. . .	9,643
Marine.	6,499
Postes.	31,917
Total .	60,203

et l'on vit ces honnêtes électeurs chasser de vive force les pompiers qui accouraient pour éteindre le feu.

Il serait long de tracer le tableau de toutes les ruses et de toutes les violences en usage pendant les élections américaines; je dirai seulement qu'elles sont aussi brutales et beaucoup plus illégales que celles dont on use en Angleterre. En voici un exemple :

Dans les élections d'une ville de la Géorgie [1], au moment où les *polls* venaient d'être fermés, quatre hommes entrèrent dans la salle électorale, et demandèrent la boîte aux scrutins. Comme ils étaient armés jusqu'aux dents, force fut de la leur livrer. Ils la brisèrent et jetèrent les bulletins au vent.

Le résultat de ces paisibles élections se fait aussi parfois remarquer d'une étrange façon. On n'a pas oublié ces deux honorables représentants qui naguère se battirent à coup de poing, au pied de la tribune, pour le triomphe de leurs opinions. Plus récemment encore [2] un membre de la chambre des représentants de l'état du Maine fut condamné par ses collègues à monter à la tribune pour demander publiquement excuse d'un outrage par lui fait à l'un des hommes de service de la chambre. Ainsi, d'une part, outrage

[1] Macon, en Géorgie. Lettre du 1er janvier 1842.

[2] Février 1841

par un représentant qui se respecte assez peu pour frapper un domestique, et, de l'autre, excuse publique par un représentant à la démocratie, dans la personne du domestique qu'il a frappé.

Les délégués de chaque état, au congrès général, étaient d'abord révocables à volonté. Depuis on a donné plus de fixité aux deux chambres; mais l'esprit démocratique a su enlever aux sénateurs, d'une autre manière, leur liberté et leur influence; on leur donne des mandats impératifs qui, sur les grandes questions, rendent leurs votes esclaves; et ce qu'il y a de plus curieux, c'est que, par une exception au rebours de ce qui vient d'abord à l'esprit, lors des élections, les représentants élus sont seulement *priés* de voter dans tel ou tel sens, sur telle ou telle question, tandis que les sénateurs en sont *requis*.

A l'égard des ministres, ils ne jouent qu'un rôle et n'ont qu'une responsabilité de seconde ligne; ce sont en réalité les premiers commis du président.

Il convient de parler ici des revenus et des impôts. Les ventes de terres et les douanes ont été pendant longtemps les seules ressources des revenus de l'état. Les populations étaient alors exemptes de toutes charges d'impôts; mais ensuite l'administration publique ayant pris de l'extension et de la régularité, force a été d'entrer dans la voie commune à tous les peuples organisés, et de pourvoir à l'administration, aux travaux d'utilité publique, à la sécurité et à la défense de tous, au moyen des contributions de chacun. On se tromperait fort si l'on pensait que les impôts sont encore ce qu'ils étaient en 1780. Les taxes sur les terres et les maisons sont, il est vrai, fort légères : c'est le même système qu'en Angleterre ; mais il y a des droits sur les emplois publics, sur les ventes à l'encan, sur le sel extrait de certaines sources, sur les banques, sur les marchands ambulants, sur les voitures de place, sur les charretiers, sur les aubergistes, sur les débitants de liqueurs, sur les loteries, sur les prêteurs sur gages ; enfin, dans certains états, il y a capitation par tête d'individu mâle, taxe sur les célibataires, taxe sur les successions collatérales, etc. En somme, les Etats-Unis sont en matière d'impôts dans une position transitoire ; leurs charges se sont accrues et s'accroîtront encore selon les besoins du service public. Une guerre un peu sérieuse les forcerait à augmenter subitement leurs ressources, et il est à croire qu'instruits à leurs dépens, ils ne compteraient plus sur l'élévation de leurs tarifs de douane, moyen qui va directement à l'opposé du but qu'ils se proposent.

L'article 5 de la constitution de la Delaware, porte : « Les personnes revêtues du pouvoir législatif ou du pouvoir exécutif, sont les *serviteurs du public.*» La démocratie américaine est tout entière dans ces mots; les développements suivants le prouveront.

Toutes les fonctions publiques sont rétribuées aux Etats-Unis; il n'en est aucune qui soit gratuite et qu'on accepte pour l'honneur de les remplir, comme sont chez nous les fonctions parlementaires, les fonctions municipales et d'autres d'une importance plus ou moins grande. Aussi, les Américains se croient quittes envers l'homme qui a rendu les plus éminents services au pays quand ses appointements lui ont été payés, et cela depuis le président qui reçoit annuellement 125,000 fr. jusqu'au dernier employé de l'Etat. Le chef de la nation qui, par sa capacité, par son caractère, par les lumières de son esprit, par sa bravoure personnelle, a fait prospérer les affaires ou fait triompher les armes de l'Union, n'excite pas plus de reconnaissance et de respect que le balayeur chargé de nettoyer la place publique : tous deux sont payés pour faire ce qu'ils font. Il ne vient dans l'esprit de personne qu'après ses quatre années d'exercice, le président qui s'est acquitté des soins du gouvernement suprême avec sagesse, intégrité, et qui a contribué par son habileté à accroître la fortune publique, ait droit à plus de considération que le marchand de porc salé et le marchand de charbon de terre qui n'ont jamais travaillé qu'à leur propre fortune. Marchandise matérielle, marchandise intellectuelle, c'est tout un.

Jefferson qui, le premier fut honoré du titre de président des Etats-Unis, lors de la confédération de 1778, fut réduit dans sa vieillesse à solliciter l'autorisation de mettre en loterie le peu de terre qu'il possédait.

Monroë, après avoir dépensé son patrimoine au service de l'Etat, fut obligé de recourir à la générosité du congrés.

Harrison, après vingt ans de combats et de gloire, était greffier d'un petit tribunal, lorsqu'on vint le chercher pour être, une seconde fois, le chef de la nation.

Jackson, le héros des Etats-Unis, après Washington, lui qui servit glorieusement le pays pendant cinquante ans, qui remporta la victoire de la Nouvelle-Orléans, le plus beau fait d'armes des annales américaines, qui ne quitta l'armée pour arriver à la présidence que criblé des plus honorables blessures, Jackson a été ensuite abreuvé d'outrages, et a vu railler ignoblement ses glorieuses cicatrices! Il avait été, comme ses prédécesseurs, payé pour gouverner l'état, pour chasser l'ennemi, même au prix de son sang. Qu'avait-il à demander de plus? Sa facture était acquittée!

Quant aux gouverneurs des états particuliers, qui

éprouvent pour l'ordinaire la même ingratitude de la part de leurs concitoyens, savez-vous comment ils sont rétribués? Ils ont en général un traitement annuel de 5,333 fr. Il n'est pas un négociant dans ces mêmes Etats, qui ne donne davantage à son principal commis.

Comme l'argent est la base de tout, à défaut d'un plus noble mobile, l'honneur, on a imaginé de punir par des retenues sur les appointements les négligences dans l'accomplissement des fonctions publiques [1].

Ces exemples suffisent pour montrer qu'aux Etats-Unis les fonctions publiques sont loin d'être un titre au respect, et qu'elles ne sont pas mieux rétribuées en dollars qu'en considération. On a pris tout à fait au sérieux cet article des constitutions qui dit que les hommes revêtus du pouvoir sont les *serviteurs du public*.

Certes, c'est un des plus lâches et des plus cruels abus de la démocratie, que de fouler ainsi aux pieds la capacité et les plus nobles facultés de l'intelligence; et c'est pour cela que la race des hommes d'état, en Amérique, ainsi que l'a fait remarquer M. de Tocqueville, s'est fort appauvrie depuis cinquante ans.

La liberté et l'égalité sont sans doute les dons les

[1] Constitution du Mississipi ; 15 août 1817.

plus précieux dont on s'attende à trouver les Etats-Unis dotés par la démocratie; mais on semble oublier que plus de la moitié, c'est-à-dire, tous les Etats du sud, sont des républiques tout aristocratiques, basées sur la grande propriété et sur l'esclavage; on semble ne pas remarquer l'odieuse anomalie que présentent des pays à esclaves dont la constitution fondamentale la *déclaration des droits*, commence par ces mots: «Tous les hommes sont, de droit naturel, indépendants et libres! »

Dans les Etats du nord, même, où l'esclavage n'existe pas, une injuste et insultante répulsion subsiste contre les hommes de couleur. Ils sont exclus de la confraternité démocratique. Le christianisme échoue à reconcilier la race noire avec la race blanche. On ne souffre pas un nègre, un mulâtre sur le pied de l'égalité, même dans l'église, dans la maison de Dieu, où tous les hommes sont égaux.

Quelques noirs, ou hommes de couleur, ont occupé en Europe des postes élevés; aux Etats-Unis, jamais.

A l'égard de la race blanche, on ne croit pas sans doute que la différence de fortune n'y établisse pas une suprématie de fait. L'argent est le véritable monarque aux Etats-Unis; il a ses prérogatives dans le nouveau comme dans l'ancien monde, et la classe riche ne saurait s'en départir.

Si nous considérons d'en bas la question, au lieu de la considérer d'en haut, l'aspect change. La classe inférieure, le véritable élément démocratique, jalouse, harcèle et poursuit de sa haine la classe supérieure. Là, comme ici, les pauvres prétendent à dominer les riches, et cela en vertu de l'égalité! L'ouvrier est en perpétuelle hostilité contre le fabricant, le domestique contre le maître, le maître contre ceux qui le priment par la fortune. La manie de l'indépendance conduit à une générale ingratitude qui va jusqu'à faire détester et renverser les banques par les commerçants mêmes qui n'ont dû leur prospérité qu'aux facilités qu'elles leur ont largement données par leurs crédits et leurs escomptes.

Il est vrai que les banques américaines, soit celles de l'Etat, soit celles établies par des particuliers, sont loin d'être irréprochables, et que leurs fréquents désastres ne sont que trop mérités. Le papier monnaie a été émis dans une proportion plus que double du numéraire déposé; aussi les sinistres nombreux qui ont ébranlé le commerce des Etats-Unis, se sont fait ressentir jusqu'en Europe, et ont prouvé l'irrécusable exactitude de ce principe : que là où le commerce et l'industrie reposent sur des bases fictives, la prospérité publique n'est qu'apparente, et est sans cesse à la veille d'une catastrophe.

Voici comment le *Courrier des États-Unis* lui-même s'exprimait, le 16 juin 1841 :

« Il se passe dans les mœurs sociales et politiques des Etats-Unis deux faits également graves, également dignes d'attirer l'attention de l'homme d'état et du moraliste :

« Dans l'ordre social, comme dans l'ordre politique, une démoralisation profonde semble avoir gangrené de la même plaie tous les esprits et tous les cœurs. Les partis n'ont plus de foi dans leurs doctrines livrées à mille schismes, à mille interprétations opposées ; les individus n'ont plus de foi dans leur commune probité, tant l'opinion a éprouvé de naufrages dans ces derniers mois, tant elle a vu sombrer inopinément de grands noms investis de la confiance et chargés du soin de la fortune publique.

« C'est d'abord un honorable membre du congrès, un homme des plus haut placés dans le pays, qui disparaît, laissant après lui des faux et des vols ; un membre d'une législation particulière ne tarde pas à imiter cet exemple ; les affaires de la banque des Etats-Unis, le plus grand corps financier de l'Union, sont soumises à une investigation, et cette investigation met à jour les dilapidations les plus scandaleuses, les plus éhontées ; elle prend en flagrant délit de rapine et de concussion le directeur suprême de cet établissement, un grand nom qui longtemps a été la première réputation financière de ce continent. Au désastre de la principale banque des Etats-Unis succèdent cent autres. De toutes parts ce ne sont que banqueroutes, sans y comprendre la grande banqueroute générale signalée sous le nom de suspension.

« Dans l'état de New-York seulement, cent institutions financières passent en vingt-quatre heures du crédit le mieux établi au discrédit le plus énorme. Les banques volent le public, les employés particuliers volent les banques. Le même jour, deux commis disparaissent de la Nouvelle-Orléans, enlevant l'un 30,000, l'autre 80,000 dollars à la banque de la Louisiane. A la banque du comté de Frédérick, on emporte un beau matin tout son capital ; la direction ne peut ni expliquer le vol, ni trouver le voleur, et le public soupçonne hautement la direction. »

Un autre journal américain rend compte dans les termes suivants de nouveaux désastres arrivés en janvier 1842 : « A Cincinnati, quatre banques, qui, depuis quatre mois, avaient suspendu quatre fois, ayant de nouveau fermé leurs portes, ont été envahies et mises au pillage par la population. Leurs caveaux ont été forcés, et dans ceux de l'une d'elles on a enlevé 205,000 dollars en billets et 1000 dollars en espèces.

Je ne pourrais enregistrer tous les faits de ce genre

qui se renouvellent en ce moment même. Toutes les banques sont fermées. Le crédit public est mort aux Etats-Unis, et des années se passeront avant qu'il puisse renaître.

Quant à la probité commerciale, on serait dans l'erreur si l'on pensait que c'est aux Etats-Unis plus qu'ailleurs qu'il en faut chercher le modèle. Un peuple chez lequel l'honnêteté des commerçants existe en vertu de règlements, n'a pas le droit de s'enorgueilir. Les lois et règlements prohibitifs des fraudes et frelatements y sont plus nombreux que chez nous. Des articles spéciaux défendent, par exemple, d'exporter des viandes *impures*, c'est-à-dire gâtées, ou ordonnent d'imprimer le mot *léger* sur le baril qui n'a pas le poids. De telles pénalités n'existent dans la loi que quand la probité n'existe pas dans les mœurs.

Il y a cent ans, il y a cinquante ans, l'Américain du nord, le religionnaire expatrié volontairement pour échapper aux tyrannies de l'église anglicane, avait une piété sincère. Longtemps il n'a vécu que pour les intérêts de son église et pour le travail. Peu à peu le travail et le gain qui le suit se sont placés en première ligne. Toute la Nouvelle-Angleterre est restée grave, comme l'est nécessairement un peuple travailleur; mais en présence des préoccupations per-

occupations perpétuelles du lucre, des rivalités du commerce, des luttes pour arriver à la fortune par la ruine d'autrui, la religion n'est plus restée qu'une forme extérieure, un manteau couvrant toutes les cupidités et les mauvaises passions de ce monde. L'Anglo-Américain observe, il est vrai, les rites de son église particulière, et subit résolument, de même que l'Anglais, le désœuvrement et le mortel ennui du dimanche, sans avoir pour cela plus de moralité que les vieux peuples d'Europe. La loi et la religion lui défendent les cartes et les dés ; mais les spéculations hasardées auxquelles il se livre, en disproportion avec ses ressources réelles, ne sont qu'un jeu effréné avec ses chances aussi subites que diverses. Riche aujourd'hui, on est ruiné demain, pour recommencer ensuite une nouvelle période de prospérité et de chutes. La banqueroute n'entraîne aucun déshonneur ; c'est un accident tout naturel dans les affaires. Quant à la ruine d'autrui par des moyens plus ou moins illicites, elle ne pèse pas le moins du monde sur la conscience.

Les mœurs républicaines sont rudes et peu polies. Malgré la signification originaire du mot république qui implique pour chacun la nécessité de s'occuper de la *chose publique*, ces mœurs sont basées en plein sur l'égoïsme et la personnalité. Le citoyen des Etats-

Unis, se croyant avec raison l'égal de tout le monde, n'a d'égard pour personne ; occupé de lui même, et nullement d'autrui, il n'attend rien de son voisin, et ne pense pas même que son voisin puisse rien attendre de lui. Une odeur de démocratie suinte de partout. Il n'y a ni talent, ni caractère qui puisse commander le respect ; on ne comprend aux Etats-Unis ni distinction ni préséance, dit M. Michel Chevalier, on ne connaît que le travail et les dollars.

L'Américain du Nord se marie de bonne heure, afin d'être de bonne heure chef d'établissement ; c'est là le seul côté louable de ses mœurs. Il est en général sérieux, laborieux, rangé ; mais il a, comme on dit, les défauts de ses qualités ; il exagère la nécessité d'un travail continu ; il ne conçoit, généralement parlant, ni loisir, ni plaisir.

Il faut parler ici du seul délassement qu'aient adopté les Américains, surtout ceux des classes inférieures : l'ivrognerie, l'abus des liqueurs fortes. Ce vice a été chez eux poussé si loin, que l'abrutissement et la dégénérescence des races ont fini par ouvrir les yeux à la saine partie de la population, et qu'on a créé, sans le concours du gouvernement, qui ne se mêle pas de pareilles vétilles, des sociétés dites de *tempérance*, dont le succès très-réel est loin, cependant, d'avoir extirpé tout le mal. Veut-on savoir ce qu'ont déjà fait ces sociétés ? cela fera comprendre l'étendue de ce qu'il y avait à faire.

Antérieurement à 1835, on avait reconnu la mort de cinquante mille individus causée par les liqueurs fortes. En 1836, il y avait déjà huit mille sociétés de tempérance, réunissant un million cinq cent mille membres; on avait obtenu la fermeture de quatre mille distilleries, d'environ huit mille boutiques de détail; et plus de douze cents navires dits de *tempérance* observaient, tant bien que mal, le serment de n'avoir point d'eau-de-vie à bord.

Il n'en faut pas conclure que la classe ouvrière ne s'enivre plus. Voici un trait que nous trouvons dans le *Courrier des États-Unis,* et qui l'emporte sur tout ce que l'ancien monde nous a appris en fait d'études sur la nature. Une pauvre femme de Southwark perdit son unique enfant ; elle était dans la plus profonde douleur, aggravée par le plus complet dénuement. Des voisins charitables lui procurèrent, en se cotisant, un cercueil et un drap mortuaire dans lequel ils ensevelirent eux-mêmes l'enfant. Ils n'avaient pas plutôt quitté la maison, que la bonne mère retira l'enfant du cercueil, plia le drap et alla le mettre en gage, afin de noyer sa douleur dans une pinte de rhum.

Les excès commis par la population démocrate ne vont jamais sans l'ivresse. C'est ainsi qu'en 1834, à

Charlestown, un prêtre du culte réformé ayant réveillé chez ses auditeurs leur haine pour la religion catholique, ces sages républicains allèrent se ruer sur le couvent des religieuses vouées à l'éducation des jeunes filles, le mirent au pillage, commirent le viol et l'assassinat, et ne quittèrent le couvent qu'après l'avoir livré aux flammes. Si l'on me dit que ces gens n'étaient point ivres, je répondrai que c'était bien pis.

Passons à d'autres faits qui se lient également à l'état moral du pays. La liberté, constitutionnellement parlant, existe assurément aux Etats-Unis, où l'administration entrave le moins possible les transactions particulières, et laisse chacun libre d'agir comme il lui plaît. Mais cette liberté de chacun est tant soit peu brutale, et comme le dit M. de Tocqueville, « les petits « détails de la police sociale, qui rendent la vie douce « et commode, y sont assez négligés. » La négligence va même beaucoup plus loin : l'administration publique ne s'occupe de répression, quand elle s'en occupe, que pour les grands délits, pour les crimes. Quant aux injures, aux insultes, à la force individuelle abusant de ses avantages, tout cela n'est pas digne de l'attention de l'autorité. Qu'on s'arrange ! Si les choses continuent d'aller comme elles vont aujourd'hui, et comme je le montrerai plus loin par des faits d'une entière authenticité, bientôt les assassinats même ne seront plus poursuivis juridiquement. On se contentera, comme dans certaines républiques de l'Amérique du Sud, de faire relever le matin les gens assassinés pendant la nuit ; et l'administration croira avoir rempli son devoir quand elle les aura fait enterrer.

Si l'on veut se convaincre que la répression est à peu près nulle dans cet heureux pays de liberté, voici ce que les journaux américains contenaient il y a quelques mois. « On écrit de Saint-Louis (état de Missouri) : L'incendie et le meurtre se succèdent dans notre cité-reine de l'Ouest, avec une incroyable rapidité. Un fait récent et tragique mérite surtout d'être signalé; il dépeint assez nettement les mœurs presque sauvages de cette partie de l'Union. Un Américain, du nom de B. Aimes, possède à trois milles d'ici un établissement pour les courses de chevaux. Lundi dernier les courses s'ouvrirent ; un jeune Irlandais s'approcha de trop près des clôtures ; il fut aussitôt accosté violemment par Aimes, qui, après un colloque fort court, mais animé, sauta par-dessus les clôtures son poignard à la main, ouvrit le ventre au jeune homme, et lui porta un autre coup mortel au-dessus du cœur. Ce spectacle effrayant s'est passé en plein public, au milieu du jour, et au grand scandale de ceux qui ne comprennent rien à cette sauvagerie. Mais, pour cela, les courses n'ont pas été un instant interrompues et se sont continuées comme si rien n'était. L'affaire ayant été portée devant le jury, le verdict a condamné Aimes comme coupable au quatrième degré d'homicide, c'est-à-dire à quelques cents piastres d'amende. Il est immédiatement sorti de prison. Aimes étant riche, cette amende est une bagatelle pour lui. On assure qu'il y a eu beaucoup de témoins corrompus. »

Un autre fait rapporté par le *Courrier des États-Unis* du 9 septembre dernier, donnera une idée et des mœurs du pays et de la manière dont la presse entend le droit de discussion sur les faits de la vie privée.

« M. Alvear, jeune homme de mœurs douces, dont le père est représentant d'une des républiques de l'Amérique du Sud, se trouvait dans le jardin de Niblo, assis en compagnie de quelques gentlemen de New-York, lorsqu'un individu, connu sous le nom de M. Suydam, s'approcha de lui et lui porta par derrière trois coups de bewie-knife, qui coupèrent les lèvres inférieure et supérieure de M. Alvear, et lui mutilèrent horriblement toute la partie inférieure de la face. A cette attaque aussi lâche qu'inattendue, M. Alvear se leva en s'écriant : « Qu'y a-t-il? » Mais déjà l'assassin s'était éloigné tranquillement, et sans que pas un spectateur de cette scène, pas un homme de police se fût jeté sur lui; on n'eut que le temps de porter secours à sa victime. Cependant un des amis de M. Alvear, ayant retrouvé le meurtrier, et lui ayant demandé la cause de son attentat: «La cause? répondit-il, c'est qu'il a voulu faire la cour à ma femme.

« Les journaux américains ont tous cité cet assassinat sans commentaire et en riant. Ils annoncent, pour justifier leur ton de plaisanterie approbative, que M. Alvear aurait écrit une longue suite d'épîtres amoureuses à mistress Suydam, qui l'aurait révélé à son mari.»

Un prétendu *Code de Lynch*, la plus odieuse, la plus illégale législation dont un peuple civilisé puisse se former une idée, fait commettre aux Etats-Unis des crimes bien autrement graves:

« Dans le district des Illinois, les frères Driskl, propriétaires, s'étaient déclarés partisans de l'abolition de l'esclavage. Les gens d'un avis contraire exécutèrent contre eux la loi de *Lynch*. On les attacha à un poteau, les yeux tournés vers un soleil ardent, et comme ils faisaient résistance, on les assomma! Cent accusés ont été déclarés non-coupables par les assises. (Septembre 1841.)

« Une bande de faux monnayeurs s'était établie recomment sur les deux rives du Missisipi dans la Louisiane. La justice ne pouvait les atteindre, parce qu'ils se réfugiaient d'un rivage à l'autre en passant alternativement dans les comtés de Philips et de Coohoma. Le nombre de pièces fausses mises en émission était considérable et nuisait beaucoup au commerce. Cent hommes bien armés, ayant à leur tête le capitaine Burney, résolurent d'en avoir raison en employant l'affreux mode de justice appelé la *loi de Lynch*. Ils louèrent à Helena un bateau de commerce, et cachèrent à fond de cale la moitié de leur troupe, pendant que l'autre moitié faisait une battue à terre. Le navire descendit le fleuve en s'arrêtant de temps à autre, pour voir si les faux monnayeurs paraîtraient. Il en vint, en effet, vingt-sept, tous prêts à changer contre de bonnes marchandises leurs pièces contrefaites. Les hommes armés s'élancèrent aussitôt de leur retraite et noyèrent les ving-sept malfaiteurs en présence et avec l'aide des mariniers. Ce qu'il y a de plus étrange, c'est qu'un semblable événement n'ait été suivi d'aucune information judiciaire [1]. »

Quelque temps après, on lisait dans le même journal :

[1] *Courrier des États-Unis.*

« Nous avons raconté dernièrement, avec toute la presse de ce pays, l'acte effroyable de justice sommaire exécuté à l'égard de vingt-sept contrefacteurs *présumés*, qui ont été noyés sans autre forme de procès. Les journaux de la Nouvelle-Orléans nous donnent aujourd'hui le récit non moins épouvantable d'un homme brûlé vif. Il avait obtenu son passage gratuit à bord du steamboat *United-States*, allant à Saint-Louis du Missouri, à la condition usitée d'aider à faire, pendant la route, les chargements de bois. S'étant grisé avant de s'embarquer, il se trouva incapable de travailler lorsqu'il en fut requis.

« Le *mate* et l'ingénieur du steamboat, furieux de cette violation de son engagement, saisirent le pauvre diable par les pieds, et allèrent le placer devant la bouche du fourneau, d'où les passagers le retirèrent ayant le dos et le cou rôtis. Trois heures après, il était mort. Les officiers auraient désiré enterrer sans bruit cette abomination et ce cadavre sur le rivage, mais les passagers exigèrent que le corps fût transporté jusqu'à Natchez, où une enquête a été dressée *pour la forme*. Et le steamboat a continué sa route ! »

Sont-ce là de ces fruits de liberté que l'Europe doit envier à l'Amérique?

Si nous cherchons dans une classe moins féroce des mœurs plus en rapport avec celles de tout peuple civilisé, nous ne trouvons rien que l'absence totale de ce qui fait le charme des sociétés européennes. La femme n'existe pas aux Etats-Unis ; elle n'influe sur rien. Il n'y a pas de salons, pas de conversation, pas de poésie. Malgré l'existence de quelques rares sociétés savantes, telles que la Société philosophique de Philadelphie, il n'y a, généralement parlant, point de savants, et par conséquent nul respect pour la science. Des arts, pas un mot, pas une œuvre ; excepté lorsqu'un artiste européen, dégoûté d'une existence médiocre et gênée dans sa patrie, se détermine à passer aux Etats-Unis afin d'y trouver une existence aussi large que celle d'un saleur de porc.

Et pourtant, qu'est-ce qu'un peuple qui prétend faire avancer la civilisation, et qui demeure étranger aux beaux-arts? Ce n'est pas sans raison que le génie le plus universel du dix-huitième siècle a dit :

Chaque peuple à son tour a régné sur la terre,
Par les lois, par les *arts* et surtout par la guerre.

Voltaire n'ignorait pas que les marchands Tyriens ou Phéniciens ont laissé un nom dans l'histoire, mais il savait aussi qu'ils n'ont laissé ni une institution ni un monument. Il savait que l'homme n'est pas créé uniquement pour faire et pour vendre des balles de coton ; qu'il est fait pour fonder des empires, et les consolider par des lois sages et durables ; pour reculer les limites de l'esprit humain, pour faire fleurir les sciences, les lettres, les arts, en même temps que le commerce et l'industrie ; pour connaître et honorer la poésie qui élève les âmes, célèbre les merveilles de la civilisation et les rend immortelles, tandis que des monuments grandioses restent debout sur la terre pour rendre témoignage aux siècles futurs. La confédération américaine se dissoudra avant d'avoir rien fait de tout cela... Elle périra sans gloire, avant d'avoir accompli un siècle de durée, et cela pour avoir cru que le développement industriel était tout le développement de l'esprit humain.

Voyons du moins si ces sages républicains sont heureux en attendant ce moment suprême.

Ici, comme je l'ai fait pour l'Angleterre, il faut d'abord parler du bonheur matériel, de la richesse qui rend la vie animale facile et abondante. Ce bonheur, il en faut convenir, a existé et existe encore aux Etats-Unis. Non-seulement le propriétaire, le commerçant, l'industriel, voient en général leur travail prospérer, mais encore le simple ouvrier est rétribué presque partout par un salaire plus élevé qu'il ne l'est chez aucune nation du globe. C'est là un fait incontestable ; c'est là ce qui a excité l'envie des populations européennes; mais on n'a pas fait attention que cet état de choses était variable par sa nature, qu'il allait décroissant d'époque en époque, en un mot, qu'il n'était que transitoire.

Qu'on me permette, à ce sujet, quelques développements qui paraissent avoir échappé à nos économistes.

Dans des contrées neuves, où quelques Européens allaient s'établir, il y a cent ans, cinquante ans même, et transporter leur vieille industrie, il était naturel que l'abondance régnât de manière à dédommager amplement les hommes de leurs labeurs. Il y avait abondance, et par conséquent bas prix du bois que fournissent les forêts pour construire les habitations, du gibier dont elles fourmillent, du poisson des vastes fleuves qui les arrosent, des immenses troupeaux errant et multipliant en liberté. Un commerce neuf aussi, dont les exportations égalaient au moins les importations, et dont les bénéfices répétés en raison de l'abondance même des produits et de la facilité d'exploitation, devait nécessairement enrichir tout travailleur. Cela est si vrai, que plus les établissements sont nouveaux, dans les états de l'Union, plus cette abondance dont nous parlons est grande. Le propriétaire d'une scierie placée près d'une forêt vierge, au bord d'un fleuve libre, sur une terre provenant de concessions ou acquise au prix le plus minime, n'a qu'à abattre les arbres, sans qu'il lui soit nécessaire de les acheter, et à les débiter en planches qu'il vend ensuite pour construire le village qui va s'établir. Il fera des bénéfices considérables jusqu'à ce que la forêt se trouve avoir un maître, l'Etat ou un particulier, qui vendra les arbres, diminuera les bénéfices de la scierie, et la forcera d'élever le prix de ses planches et de baisser le salaire de ses ouvriers. C'est là l'histoire exacte de toutes les colonies américaines. Pense-t-on qu'à New-York ou à Philadelphie, les objets de première nécessité soient à aussi bas prix, et que les salaires soient aussi élevés qu'ils le sont dans les établissements récents de la vallée de l'Ohio !

On s'abuserait étrangement si l'on attribuait aux résultats de l'égalité, à l'influence de l'humanité, à l'amour des chefs industriels pour les artisans qu'ils emploient, enfin à une application quelconque des principes démocratiques, l'état heureux, matériellement parlant, des classes ouvrières en Amérique. Cet état, je le répète, n'est que transitoire ; le temps, au lieu de le consolider, le détruit naturellement en raison de l'ancienneté des établissements, et cela est notable depuis longtemps dans les grandes villes, dans les grands centres de population où la ligne de démarcation est déjà forcément établie entre la richesse, l'aristocratie, d'une part, et la pauvreté, la démocratie de l'autre.

Un tarif adopté comme mesure protectrice de l'industrie, a fixé une décroissance successive du prix des salaires jusqu'en 1842. Il n'y a nulle garantie que cette décroissance ne continuera pas. Et pourtant la seule raison qui puisse l'empêcher existe aux Etats-Unis, savoir, qu'il y a plus de travail que de bras, tandis que chez nous il y a plus de bras que de travail. Quand il y a coalition d'ouvriers en France, d'autres ouvriers remplacent ou peuvent remplacer ceux qui cessent les travaux. Aux Etats-Unis, si les ouvriers se coalisent pour faire augmenter leur salaire, et que l'augmentation leur soit refusée, ils peuvent passer dans un Etat voisin, ou dans les Etats de l'Ouest, où ils sont accueillis avec empressement. Et cependant, encore un coup, les salaires baissent progressivement, c'est-à-dire que le riche commence à faire la loi au pauvre.

Au demeurant, l'ouvrier étant largement payé ne travaille aux Etats-Unis que quand il lui plaît. D'un autre côté le domestique qui se décore du titre d'*aide*, largement payé aussi, sert mal et de mauvaise grâce son prétendu maître, qu'il appelle son *employeur*; de sorte que le fabricant et le bourgeois, dans une dépendance réelle des ouvriers et des *aides*, sont dans des transes continuelles sur la marche de leurs travaux, sur la tenue de leurs ménages, et sont privés du confort intérieur qui, chez tous les peuples civilisés, est le but de la richesse. Les femmes, pour leur compte, sont condamnées par suite de cet état de choses, à être les premiers domestiques de la maison. Enfin, les ouvriers, par suite de l'esprit d'indépendance qui leur fait quitter la maison dès que leur maître les sert mal, s'exposent à souffrir plus ou moins du besoin ou de la misère.

Tout cela, on ne saurait trop le répéter, ne peut être que temporaire. Jusqu'ici la politique des Etats-Unis n'a consisté que dans l'extension de leur commerce, et dans l'envahissement par l'agriculture du territoire inculte et sauvage qui les entoure. Mais, quand ils auront envahi tout ce territoire, quand ils seront devenus riches autant qu'ils peuvent le devenir par les produits naturels et le commerce, alors cette politique changera, parce que leurs intérêts changeront. L'homme cessera d'être tout *individuel*, d'avoir pour unique affaire le gain, de ne respirer que pour le travail et la production ; il songera non-seulement aux plaisirs matériels, mais aussi aux jouissances de l'esprit. Il deviendra par cela même plus *collectif*, et se tournera peu à peu vers les habitudes et les institutions aristocratiques; car c'est sous l'empire de l'aristocratie seulement, que les supériorités intellectuelles peuvent trouver leur compte, que les plaisirs de l'esprit, les productions des arts et de la littérature, les délicatesses du luxe, les mœurs élégantes, la civilisation enfin, peuvent se faire jour et remplacer les rudesses de la démocratie.

A New-York, à Philadelphie, l'inégalité des conditions, à laquelle nulle société politique ne saurait échapper, a dès longtemps commencé à se faire sentir. On y voit des maisons dont le premier étage est en marbre blanc. Croit-on que le riche qui les habite n'ait pas une supériorité de fait sur l'artisan qui n'a qu'une chétive demeure, ou sur le planteur réduit à sa *cabine* en planches? Le haut commerce prend aussi des idées et des habitudes anti-démocratiques; il commence à rechercher les délassements de l'esprit, les réunions, les spectacles. A ce sujet, je ne puis me dispenser de citer comme un des plus sûrs pronostics de la révolution qui se prépare, l'engouement presque fabuleux avec lequel les Etats ont accueilli notre célèbre danseuse Fanny Elssler. Cet engouement a été jusqu'à la folie, jusqu'à l'oubli de toute convenance et de toute dignité, quand on a vu les membres d'un sénat porter la belle sylphide en triomphe sur leurs épaules, jusqu'à l'hôtel où elle devait loger! Singuliers sénateurs! vrais sauvages avides des merveilles de l'Opéra.

Concluons : Dans les républiques, mœurs sauvages;

dans les monarchies seulement, mœurs policées. L'exception qu'on tenterait de faire à l'égard des républiques d'Athènes et de Rome n'est pas même une exception; dès longtemps il a été reconnu que les républiques antiques, composées de maîtres et d'esclaves, ne peuvent être que par ignorance comparées aux républiques modernes dont la première base est la liberté. Ceci nous mène tout droit à parler de l'esclavage aux États-Unis, et du monstrueux contraste qui existe à ce sujet entre les états du sud et les états du nord.

Il y a, d'après les derniers recensements, 2,300,000 nègres esclaves dans les états du sud, qui comptent 12 millions d'habitants sur 18 millions qui forment le chiffre total de la population de l'Union. Voici comment un journal de la Nouvelle-Orléans rendait compte, l'année dernière, d'une vente d'hommes, dans ce pays de liberté et de dignité humaine : « Les esclaves vendus à la Bourse par le courtier Garidel ont produit les sommes suivantes : 38 nègres de dix-huit à cinquante ans, 47,810 dollars ; 20 nègres de dix-huit à quarante ans, avec 13 enfants, dont un de six ans, 12,875 dollars. Le tout payable un dixième comptant et neuf dixièmes à un an de terme. » Viennent ensuite les ventes de coton, de goudron, etc.

En général, cinq esclaves sont considérés comme équivalant seulement à trois hommes blancs ; c'est d'après cette base que l'on rédige les tableaux de la population, sur lesquels on règle la nomination des représentants à envoyer au congrès.

C'est là une des anomalies, non pas la seule, qui amèneront la chute de l'Union. Y a-t-il, en effet, rien de plus radicalement opposé au principe d'existence des états du sud, que le principe d'existence des états du nord? Les premiers veulent maintenir l'esclavage; les seconds veulent l'abolir.

Ce n'est pas, je le répète, le seul motif de dissolution dont les Etats-Unis subissent forcément l'influence. Le nord est dévoué au gouvernement fédéral; le sud lui fait sans cesse la guerre sur tout ce qui tend à la centralisation, sur les douanes, sur les banques, sur les travaux d'utilité publique. Dès l'origine, et à mesure que la confédération s'est étendue, le lien fédéral s'est affaibli. La doctrine des *droits de chaque état*, comme l'a très-justement fait remarquer M. Michel Chevalier, a prévalu d'année en année. Chaque état, sur les questions même les plus vitales, telles que celles des traités avec les tribus indiennes, a prétendu se régir lui-même, en dépit des droits expressément réservés par la constitution au congrès général.

Dans une affaire toute récente, l'affaire Mac-Leod, on a vu un exemple frappant de cette dissolution qui menace la confédération. Un état particulier, en dépit du congrès, seule autorité reconnue par les puissances étrangères, s'est obstiné à suivre un procès dans une question internationale, au risque de s'attirer une guerre juste et probablement désastreuse.

Il est impossible que chaque état de l'Union conserve de pareils pouvoirs ou de pareilles prétentions, sans qu'il survienne de sérieuses collisions qui, jointes aux causes déjà signalées, annoncent un changement radical dans leur forme politique. Déjà, et depuis longtemps, la démocratie et l'aristocratie sont en état permanent d'hostilité. Il faudra transaction ou rupture. Il est difficile de prévoir ce qu'une rupture amènerait, mais le premier effet d'une transaction sera nécessairement de modifier la constitution intérieure, et d'enlever à la démocratie une partie des droits dont elle a impitoyablement abusé.

Une chose bien digne de remarque, c'est que cette révolution qui se prépare se fera par la force naturelle des choses, et sans que les journaux, principaux agents de révolutions en d'autres contrées, y prennent pour ainsi dire part. Sans nul doute, la liberté de la presse existe aux Etats-Unis; mais, outre qu'on s'en sert fort peu pour faire des livres, les journaux américains sont loin de jouer le rôle que jouent les nôtres. Ils ne dirigent point l'opinion, et se bornent à s'en constituer les organes. Ils s'occupent presque exclusivement des intérêts de localité. A New-York, on ne lit que les journaux de New-York; à la Nouvelle-Orléans, que ceux de la Nouvelle-Orléans. Excepté le *Globe*, le *National intelligencer*, le *Courrier des États-Unis*, qui sont répandus dans les divers états, les autres ne sortent pas des arrondissements pour lesquels ils sont publiés. En 1840, il y en avait 1550 répartis dans presque autant de villes. Les annonces commerciales sont presque uniquement leur affaire; ils s'occupent peu des discussions politiques, et leur conduite est souvent une amère censure de la nôtre, car s'il surgit une grande question nationale, tous, comme d'un commun accord, s'abstiennent aussitôt d'émettre aucune opinion compromettante.

Revenons au point principal de la question.

Dans la séance du 15 février 1842, M. Guizot, combattant une proposition tendante à l'extension du droit électoral en France, s'exprimait ainsi :

« Je regarde le suffrage universel comme la ruine de la démocratie et de la liberté. Et si j'avais besoin de preuves, j'en aurais une sous les yeux; je ne la développerai pas. Cependant je me permettrai de dire, avec tout le respect que je porte à un grand pays et à un grand gouvernement, que le danger intérieur, le danger social dont les Etats-Unis d'Amérique me paraissent menacés, tient surtout au suffrage universel;

que c'est là ce qui leur fait courir le risque de voir leur liberté réelle, la liberté de tout le monde compromise, aussi bien que l'ordre intérieur de leur société. C'est le suffrage universel qui fait que la puissance publique, aux Etats-Unis, n'a pas ce degré de force, de concentration et de confiance en elle-même, dont elle a besoin pour remplir sa tâche dans une société quelconque. »

Ces paroles étaient une sorte de prophétie, car peu de jours après arrivait la nouvelle que, le 24 janvier, au milieu de la chambre des représentants des Etats-Unis, M. John Quincy Adams, l'un des hommes les plus renommés dans le pays, et qui fut autrefois honoré de la présidence, pénétré de l'imminence d'une dissolution nécessitée par tous les motifs que nous avons passés en revue, déposait une pétition demandant purement et simplement le *rappel*, autrement dit l'annulation de l'Union américaine ; et cette pétition a été appuyée par une minorité de quatre-vingt-seize membres !

C'est une question de vie ou de mort. Il y a longtemps qu'elle couve dans la pensée d'une partie notable des hommes politiques des Etats-Unis. Elle se représentera demain, dans dix ans, qu'importe ? Quand une telle proposition se fait jour, la révolution est faite !

Dans une semblable conjoncture, qu'un homme tel que le général Jackson, homme énergique, gouvernemental, centralisateur, qui pendant sa présidence sut réunir dans ses mains les légitimes attributions du pouvoir exécutif, qu'un tel homme, dis-je, se présente, et les Etats-Unis auront un roi.

LA FRANCE.

J'arrive avec joie à parler de mon pays, non que je le croie à tous égards supérieur à ceux dont je viens de tracer une rapide esquisse, mais parce qu'il me paraît renfermer autant de vraie liberté, des institutions plus sages, et partant, plus d'éléments de bonheur.

Oh! que je trouverais d'éloquence si j'avais le moindre espoir de faire passer ma conviction dans l'âme de ceux qui, trompés par des études incomplètes ou par des déclamations mensongères, déprécient en toute rencontre les institutions de leur pays, croyant par là faire preuve de lumières et de patriotisme !

Je ne puis répéter ici ce que j'ai dit au commencement de cet écrit; mais c'est très-sérieusement que j'engage mes lecteurs à le relire [1].

Qu'y verra-t-on ?

Absence de classes et de priviléges ; une même loi pour tous.

Egalité de droits, dans la famille comme devant la loi.

Division incessante de la propriété par les héritages.

Au commerce, débouchés indéfinis; à l'industrie, liberté entière.

Répartition de l'impôt en raison des fortunes.

Diffusion de l'enseignement jusque dans le moindre hameau.

Consécration de la liberté religieuse; garanties pour la liberté des personnes et pour la liberté de la pensée.

Droits politiques accessibles à tous.

Accession pour tous à tous les emplois, dans l'administration, dans la magistrature, dans l'armée.

Devant nos yeux, les hommes les plus élevés en situation, tous enfants du travail, de l'étude, de la valeur personnelle.

En un mot, la France en possession de tout ce qu'elle voulut en 1789, savoir : la liberté selon la loi,

[1] Pages 9 et 10.

l'égalité devant la loi : les seules humainement possibles, les seules socialement praticables.

Examinons avec détail notre forme constitutionnelle, qu'il s'agit de comparer avec celles de l'Angleterre et des Etats-Unis.

Après le roi, vient la chambre des pairs, dont la nomination appartient au roi, qui ne peut les choisir que parmi les notabilités désignées par la charte même.

Le nombre des pairs est illimité [1].

Leur dignité est conférée à vie, et n'est plus transmissible par droit d'hérédité [2].

Aucun traitement, aucune pension, aucune dotation ne peuvent être attachés à la dignité de pair [3].

Les pairs ont entrée dans la chambre à vingt-cinq ans, et voix délibérative à trente ans seulement [4].

La chambre des pairs est présidée par le chancelier de France, et, en son absence, par un pair désigné par le roi [5].

Les membres de la chambre des députés sont élus pour cinq ans [6].

[1] § 28, de l'art. 23 de la Charte revisée en 1830.
[2] § 29, idem.
[3] § 31, idem.
[4] Art. 24 de la Charte.
[5] Art. 25, idem.
[6] Art. 31, idem.

Le président de la chambre des députés est élu par elle à l'ouverture de chaque session [1].

Il y a quatre cent cinquante-neuf députés, nommés par autant de colléges électoraux.

Sont éligibles comme députés tous les Français jouissant des droits civils et politiques, âgés de trente ans [2] et payant 500 fr. de contributions directes [3].

S'il ne se trouve pas, dans un département, cinquante personnes payant 500 fr. de contributions directes, ce nombre est complété au moyen de celles qui sont les plus imposées au-dessous de ce taux, et ces éligibles peuvent être élus concurremment avec les premiers.

Les préfets, sous-préfets, receveurs-généraux, receveurs particuliers des finances et payeurs de la même administration ne peuvent être élus députés.

Les officiers généraux commandant les divisions ou subdivisions militaires, les procureurs-généraux près les cours royales, les procureurs du roi, les directeurs des contributions directes et indirectes, des domaines, de l'enregistrement, des douanes, ne peuvent être élus députés par le collége électoral d'un arron-

[1] Art. 37 de la Charte.

[2] Art. 32, idem.

[3] Loi du 19 avril 1831

dissement compris dans le ressort de leurs fonctions.

Les députés ne reçoivent ni traitement ni indemnité.

Tout Français, âgé de vingt-cinq ans[1], jouissant des droits civils et politiques, et payant le cens voulu par la loi[2], est électeur.

D'après la loi du 19 avril 1831, sont électeurs, 1° tous ceux qui paient 200 fr. de contributions directes ; 2° ceux qui sont les plus imposés, au-dessous de 200 fr., lorsque le nombre des électeurs, dans un collége électoral, ne s'élève pas à cent cinquante ; 3° ceux qui, ne payant que 100 fr. de contributions directes, sont membres ou correspondants de l'Institut, et officiers des armées de terre ou de mer jouissant d'une pension de retraite de 1,200 fr.

Entre autres dispositions qui ont pour but de faciliter l'accession au droit électoral, il faut compter celle-ci : Tout fermier qui, par bail de neuf ans au moins, exploite par lui-même une ou plusieurs propriétés rurales, a droit de se prévaloir, pour être électeur, du tiers des contributions payées par lesdites propriétés, sans que ce tiers soit retranché au cens électoral du propriétaire.

[1] Art. 34 de la Charte.
[2] Loi du 19 avril 1831.

Ainsi, le droit à la représentation nationale, autrement dit, le droit d'éligibilité, est établi sur la propriété. Devons-nous en être étonnés, quand nous voyons le même principe adopté en Angleterre et aux Etats-Unis?

La raison la plus puissante pour qu'il en soit ainsi, on n'ose jamais la dire sans précautions et sans détours. C'est une pruderie politique dont les conséquences sont plus graves qu'on ne pense, car elle empêche de poser nettement les questions. La véritable raison, c'est qu'il est absurde d'admettre que, dans un état social quelconque, ceux qui ne possèdent pas soient appelés, et en majorité, à faire les lois à l'usage de ceux qui possèdent. Ici, je supplie qu'on ne me prête aucun sentiment qu'une âme honnête ne puisse hautement avouer, aucune lâche tendance à l'oppression des pauvres par les riches ; mais, en considérant les choses du point de vue opposé, la plus simple connaissance du cœur humain nous apprend l'usage que ferait d'un tel droit une telle majorité.

A l'égard du droit électoral, fondé sur le même principe, il est juste de remarquer qu'en Angleterre et aux Etats-Unis l'abaissement du cens descend jusqu'à la simple taxe personnelle ; mais il faut rectifier l'opinion de ceux qui croient vaguement que ce qu'on appelle le *suffrage universel*, admet au vote même les hommes qui ne paient aucun *cens*, ou ne jouissent d'aucune *franchise*. La différence entre les trois Etats n'est que du plus au moins. C'est particulièrement sur ce point que roulent les contestations élevées par les partisans de la réforme électorale. Nous avons déjà eu occasion d'en parler dans les deux divisions précédentes, mais il est naturel d'en parler ici avec plus de détail.

L'électeur qui envoie un député pour le représenter à la chambre, participe évidemment à la représentation nationale. A ceux qui prétendent qu'on doit participer à la représentation nationale sans posséder dans le pays ni biens fonds, ni établissement commercial, ni établissement industriel de quelque nature qu'il soit, et par conséquent, sans être intéressé directement, matériellement, au maintien de l'ordre, au respect des propriétés, à la bonne administration financière, à la juste répartition des impôts, à ceux-là je suis forcé de répondre, comme je l'ai fait pour le droit d'éligibilité, que ce n'est que par un renversement des idées naturelles qu'on pourrait appeler ceux qui ne possèdent pas à faire les lois pour ceux qui possèdent.

L'effet le plus innocent d'un tel droit, les Etats-Unis et l'Angleterre nous l'enseignent : c'est de donner à ceux qui ne possèdent pas la faculté de faire commerce de leur vote, et de se procurer honteusement quelque douceur, lors des élections, au prix de l'abnégation de leur dignité et de la vente de leur conscience.

Quant au résultat politique de ces marchés, il est nul par le fait, et je prie qu'on donne à ceci quelque attention : en effet, qu'un candidat soit élu député par trois cents électeurs ses partisans, plus ou moins influents par leur position et leur fortune, ou qu'il soit élu par trois mille électeurs entraînés, ou payés, ou grisés par les premiers, le résultat n'est-il pas exactement le même ?

En regard d'un état de choses si dégradant et si dénué d'influence réelle sur les affaires du pays, il convient d'examiner attentivement le mécanisme du droit électoral tel que la loi l'a établi en France.

« La loi des élections du 5 février 1817, (modifiée par celle du 19 avril 1831), a placé réellement le pouvoir politique dans la portion indépendante, éclairée, capable de la société, et elle a fait descendre en même temps ce pouvoir jusqu'à la limite où s'arrête ordinairement la capacité, c'est-à-dire l'instruction. Lorsque, par le cours des temps, les lumières, les progrès, la richesse croissante appellent un plus grand nombre d'hommes à la capacité politique, la limite varie et se trouve naturellement reculée.

« C'est là précisément la perfection de notre gouvernement, que les droits politiques, limités par leur nature à ceux qui sont capables de les exercer, peuvent s'étendre à mesure que la capacité s'étend ; que le gouvernement lui-même provoque l'extension de cette capacité, en favorisant partout l'instruction, en développant partout l'intelligence des questions politiques, en même temps qu'il favorise l'accroissement de la richesse par l'agriculture, l'industrie et le commerce ; en sorte qu'au moment même où il assigne une limite aux droits politiques, il travaille à déplacer cette limite, à la reculer, et à élever ainsi progressivement une plus grande partie de la nation [1]. »

C'est en vain que les ennemis de ce système prétendent ne pas voir dans le mouvement électoral le progrès social lui-même ; c'est en vain qu'ils prétendent y voir non le *travail*, mais l'*argent* ; car le second est la conséquence immédiate du premier.

Qui donc aurait le courage de soutenir que le *cens* n'est pas une garantie d'indépendance et une présomption de lumières ? Les perfectionnements de l'agriculture, l'extension du commerce et de l'industrie, l'accroissement des connaissances dans les lettres, les sciences, les arts, en un mot le *travail*, voilà ce qui conduit à l'augmentation de la richesse, et par conséquent à l'accroissement du nombre des électeurs *censitaires*.

[1] M. Guizot, séance du 19 février 1831

« Sous la restauration le nombre des électeurs avait été diminuant : c'était un résultat dont il n'est pas nécessaire en ce moment de rechercher les causes ; mais enfin, de 1817 à 1819, le nombre des électeurs était de 107,000 ; il tomba successivement d'années en années; en 1824, à 99,000, et, en 1827, à 88,000. Les dernières élections faites sous la restauration se sont accomplies avec une liste électorale de 92,000 électeurs; il y avait donc, en 1830, 15,000 électeurs de moins qu'en 1820.

« Aussitôt après la révolution de juillet, les listes électorales furent dressées dans le système de la loi transitoire de 1830, qui supprimait le double vote, et maintenait le cens à 300 fr. Ces listes comprenaient tous les citoyens auxquels la loi donnait le droit d'élire, et présentaient 99,000 noms. Les listes dressées en 1831, après l'abaissement du cens de 300 à 200 fr. par la loi du 19 avril, présentèrent un total de 168,000 électeurs ; l'augmentation était donc de 69,000.

« Quel est, en 1842, le nombre total des électeurs ? Après avoir augmenté d'année en année, il s'est élevé à 224,000, c'est-à-dire qu'il a augmenté de plus de 56,000 [1], en vertu même de la loi, par les accroisse-

[1] le minis tre de l'intérienr, séance de la chambre des députés du 15 février 1842.

ments de fortune, par les héritages, et non, comme on l'a prétendu, par certaines augmentations d'impôts. »

Sans parler ici des *capacités intellectuelles* dont on réclame l'adjonction, mesure à laquelle je ne verrais pour mon compte, aucun inconvénient en temps de calme, si ce n'est de créer un privilége à une époque où l'on n'en veut souffrir aucun, occupons-nous de ceux qui réclament le *vote universel.*

Je ne crains pas d'être démenti quand je dirai que les grossières et patentes séductions des élections anglaises ou américaines, les ruses, les désordres, les violences des *hustings*, ne sauraient être du goût des Français. Un tel mode d'élection refroidirait assurément le zèle des citoyens éclairés par les bienfaits de l'éducation ; personne ne se rendrait où tout le monde aurait droit de se rendre ; chacun compterait, encore plus qu'aujourd'hui, sur son voisin pour faire les affaires du pays, qui se trouveraient ainsi livrées aux électeurs des dernières classes, plus pressés que les autres de se rendre aux assemblées où il doit y avoir agitation, disputes, et libations pour donner des forces ou dissiper la fatigue.

Ajoutons que les partis n'en auraient que plus de chances de réussir dans leurs tentatives ; que les menées des légitimistes, des républicains, des amis du gouvernement de juillet auraient plus de prise sur les multitudes que sur les classes éclairées, et qu'ils ne devraient leurs triomphes qu'à une activité plus ou moins illégale, à l'or qu'on répandrait avec plus ou moins de profusion, comme chez nos voisins, dans la classe électorale ignorante et pauvre, non à l'amour du pays et à la connaissance de ses vrais intérêts.

A cela les partisans de la réforme répondent que les élections sont l'affaire des partis (ils feignent d'entendre uniquement par là : le parti du progrès, le parti stationnaire, le parti rétrograde), et qu'on ne doit point restreindre leur liberté. Ils ajoutent qu'en Angleterre et en Amérique, le ministère ne s'immisce point dans les affaires d'élection, mais que ses amis seuls s'en occupent comme chacun a le droit de s'en occuper.

Ici la limite devient difficile à saisir. Premièrement, où doit s'arrêter le zèle des amis du ministère? Secondement, si les partis opposés, non-seulement au ministère, mais aussi au gouvernement, ont le droit d'agir ouvertement pour les renverser l'un et l'autre, de cabaler, d'intriguer, afin d'arriver à leur but, jusqu'à quel point interdira-t on au gouvernement, au ministère, le droit de travailler à leur propre conservation, en ralliant leurs amis et en opposant la défense à l'attaque ?

Faut-il, par exemple, que dans la position où se trouve la France, pour de longues années encore, les républicains, d'un côté, les légitimistes, d'un autre, l'opposition *quand même*, d'un troisième, aient toute licence de recruter des partisans, de se livrer à tous les genres d'agression, de combiner même leurs efforts contre ceux qu'ils appellent l'ennemi commun, et que le gouvernement reste immobile comme la poupée au tir, attendant que la balle du plus adroit la fasse sauter en éclats ?

Car ce n'est pas seulement sur le système électoral que les réformistes ont basé leurs attaques; ils ont aussi attaqué les principes constitutifs du gouvernement même, et cela me ramène naturellement à la comparaison de nos institutions fondamentales avec celles de l'étranger.

La lutte qui s'est élevée entre le gouvernement *constitutionnel* et le gouvernement « *parlementaire*, » a fait au pays assez de mal pour qu'on essaie d'en prévenir le retour.

Dans un débat d'une telle importance, qu'y a-t-il de mieux, pour s'éclairer, que de consulter non-seulement l'esprit, mais encore la lettre de la constitution ?

Mais, disons d'abord ce qu'on entend aujourd'hui par gouvernement *parlementaire*, afin de bien fixer le point de la discussion.

Les hommes qui ont inscrit ce mot sur leur drapeau, entendent par là un gouvernement résidant, non pas dans l'union et l'accord des trois pouvoirs institués par la charte : le roi, la chambre des pairs, la chambre des députés ;

Non pas dans l'union et l'accord des deux chambres, ce qui ne se doit, au détriment du roi ;

Mais, ce qui se doit moins encore, dans la prépondérance d'une seule des deux chambres, celle des députés, au détriment du roi et de la chambre des pairs.

En vain on s'élèvera contre cette définition ; elle ne saurait être contestée. Elle résulte des théories plus ou moins nettement posées par des hommes qui ont eu part au maniement des affaires ; elle résulte de la maxime qu'on a tenté de mettre en faveur, « le roi règne et ne gouverne pas ; » elle résulte de ces attaques grossières et persévérantes contre la pairie, qui n'allaient à rien moins qu'à provoquer l'annihilation de la chambre des pairs, et par conséquent à faire considérer la chambre des députés comme le seul rouage nécessaire dans le gouvernement.

Le moindre défaut de toute cette doctrine, c'est d'être totalement en dehors de notre constitution.

La charte de 1814, retouchée en 1830, nous a fait le gouvernement que voici :

Titre II. — Formes du gouvernement du roi.

Art. 14. La puissance législative s'exerce collectivement par le roi, la chambre des pairs et la chambre des députés.

Art. 15. La proposition des lois appartient au roi, à la chambre des pairs et à la chambre des députés.

Art. 17. Si une proposition de loi a été rejetée par l'un des trois pouvoirs, elle ne pourra être représentée dans la même session.

Art. 18. Le roi seul sanctionne et promulgue les lois.

Art. 12. La personne du roi est inviolable et sacrée [1]; ses ministres sont responsables. Au roi seul appartient la puissance exécutive.

Art. 13. Le roi est le chef suprême de l'Etat ; il commande les forces de terre et de mer, déclare la guerre, fait les traités de paix, d'alliance et de commerce, nomme à tous les emplois d'administration publique et fait les règlements et ordonnances nécessaires pour l'exécution des lois, sans pouvoir jamais ni suspendre les lois elles-mêmes, ni dispenser de leur exécution.

[1] Si je dérange l'ordre numérique de quelques articles, ce n'est pas pour leur donner un sens détourné, mais uniquement pour mieux appuyer l'ordre logique de mes idées.

Art. 42. Le roi convoque chaque année les deux chambres; il les proroge, et peut dissoudre celle des députés; mais, dans ce cas, il doit en convoquer une nouvelle dans le délai de trois mois.

Art. 65. Le roi et ses successeurs jureront, à leur avénement, en présence des chambres réunies, d'observer fidèlement la charte constitutionnelle.

Sous ce titre, FORMES DU GOUVERNEMENT DU ROI nous voyons donc trois pouvoirs qui exercent collectivement la puissance législative, et dont, par conséquent, le concours, dans les limites respectives que lui assigne la charte, est indispensable à tout acte de gouvernement.

Chacun de ces pouvoirs est indépendant des autres, mais chacun a ses limites.

Ces limites, pour chacun des pouvoirs, se trouvent là où commencent des votes ou des actes qui auraient pour effet d'atténuer ou de détruire les droits des deux autres ou de l'un des deux autres.

La royauté, la pairie, la députation, représentent chacune une chose distincte dans l'état :

La royauté représente le principe monarchique;

La pairie représente le principe aristocratique;

La députation représente le principe démocratique.

Le gouvernement représentatif ne doit pas être une vérité seulement pour la chambre élective, et une fiction pour la pairie et la royauté.

Chacun des trois pouvoirs étant pour son tiers dans le gouvernement, si l'un prenait de *fait* sur les deux autres, ou si deux prenaient sur le troisième une prépondérance qu'ils ne sauraient prendre de *droit*, un ou deux pouvoirs cesseraient d'exister, et la charte serait déchirée.

Un vote du 4 janvier 1648 (Révolution d'Angleterre), décida que ce qui serait déclaré loi par les communes , *sans l'assentiment du roi et des lords*, aurait force de loi. Le 30 du même mois, la tête de Charles Ier tomba sous la hache du bourreau.

En France , la cause du sanglant naufrage de la révolution de 1789, fut la réunion des trois états dans un seul. Si le clergé et la noblesse avaient formé une chambre à part, et le tiers-état un autre ; s'ils n'avaient pas, ensemble, détruit la prérogative royale, les abus auraient été réformés, la liberté eût été assurée, et cela sans que les législateurs se rendissent coupables de régicide, sans que la terre fût rougie, au dedans et au dehors, du sang de millions d'hommes.

Donc, en aucune façon et dans aucun cas, la chambre des députés seule, ou la chambre des députés et la chambre des pairs réunies, n'ont le *droit* d'imposer une volonté qui n'est pas celle des trois pouvoirs.

Cette argumentation ne souffre pas de réplique sérieuse. Nous vivons sous une monarchie constitutionnelle. Non-seulement, nous ne sommes pas sous le gouvernement des chambres, mais encore nous sommes sous le gouvernement du roi. Le titre II de la charte porte expressément : *Formes du gouvernement du roi.*

Voici, en outre, les termes du serment prononcé par le roi le 9 août 1830, termes dont on paraît avoir perdu le souvenir : « En présence de Dieu, je jure « d'observer fidèlement la charte constitutionnelle, de « ne *gouverner* que par les lois et selon les lois, de « faire rendre bonne et exacte justice à chacun selon « son droit, d'agir en toute chose dans la seule vue « de l'intérêt, du bonheur et de la gloire du peuple « français. »

Que le gouvernement du roi soit maintenu dans les limites qui lui sont tracées par la constitution, bien ; la constitution est principalement faite pour cela. Mais qu'on usurpe ou qu'on veuille usurper les droits qui lui appartiennent selon la constitution même, c'est là une prétention inconstitutionnelle, une tentative criminelle aux yeux de la loi.

Le parti que je me propose de combattre a adopté

une maxime qui en présence de la lettre et de l'esprit de la charte, n'est qu'un mensonge, car la charte dit formellement que le roi gouverne, et ne dit pas qu'il règne, ce qui était inutile à dire.

Les attaques de ce parti envers la couronne ne sont pas dirigées contre les prérogatives royales, qui ne se rattachent qu'à l'action de *régner*, mais contre les droits de la royauté qui se rattachent à l'action de *gouverner*, action qu'on prétendrait lui interdire pour sa portion légitime, pour la portion que lui assigne la charte.

Si cela est (et le doute n'est plus possible), si le gouvernement prétendu parlementaire n'est, comme je l'ai dit, que dans la prépondérance de la chambre des députés, au détriment ou à l'exclusion du roi et de la chambre des pairs, le gouvernement parlementaire n'est autre chose qu'une révolte contre la charte, une tendance mal déguisée vers une autre forme de gouvernement.....

Je sais qu'à côté de cette argumentation inflexible, il y a la force des choses qui amène des modifications inévitables, peut-être, sinon dans les principes, du moins dans leur application. Je sais, par exemple, tout le ravage que la question de refus de concours a porté dans l'harmonie des trois pouvoirs. Sans doute, on ne saurait nier que le concours des trois pouvoirs ne soit nécessaire, indispensable ; mais, ceci admis, voyons dans quelles limites doivent se mouvoir le concours et le refus de concours.

Dans le premier cas, celui de concours, aucune difficulté ne s'élève, tout marche d'accord et selon le vœu de la constitution.

Dans le second, les choses ne se présentent pas d'une manière aussi nette.

Les chambres, ou l'une des deux chambres, peuvent, il est vrai, rejeter un projet de loi proposé par le roi, autrement dit, par les ministres responsables.

L'une des chambres peut rejeter un projet de loi proposé ou adopté par l'autre.

Le roi peut rejeter un projet de loi proposé et adopté par les deux chambres.

Dans tous ces cas, « si une proposition de loi a été rejetée par l'un des trois pouvoirs, elle ne peut être représentée dans la même session. » Art. 17 de la charte.

Ce jeu des rouages de la constitution peut recommencer l'année suivante et se prolonger jusqu'à ce que les trois pouvoirs soient d'accord pour adopter, modifier ou rejeter définitivement la proposition qui a causé le désaccord.

Enfin, si le désaccord, au lieu de porter sur une ou plusieurs mesures de détail, porte sur l'ensemble, sur la marche générale des affaires, on doit convenir qu'en vertu de l'article 17, les chambres ou l'une des deux chambres peuvent refuser toutes les lois proposées par le gouvernement du roi, comme, en vertu de l'article 42, le roi peut dissoudre la chambre des députés.

Dans l'exercice rigoureux de ce droit, de la part des chambres, réside le refus de concours ; mais la raison, bien au-dessus du droit, veut assurément qu'on n'en fasse usage qu'en cas de péril pour la chose publique. Or, grâce au ciel, ce cas ne s'est point présenté, et le refus de concours n'a été, jusqu'ici, de la part de la chambre des députés, que l'œuvre d'ambitions personnelles, le moyen mis en usage pour renverser un ministère afin d'en élever un autre sur ses ruines.

Le gouvernement que je reconnais, celui qui repose sur la charte, le vœu des hommes libéraux, des hommes véritablement amis du pays, c'était, il y a dix ans, qu'il fût et demeurât bien et réellement *constitutionnel*, bien et réellement *représentatif*, représentatif des trois principes dont l'accord est indispensable. Comment est-on venu aujourd'hui à vouloir qu'il soit *parlementaire*, c'est-à-dire qu'il réside uniquement dans le parlement, que dis-je, dans une fraction du parlement, dans la chambre des députés?

Cela ne s'explique que trop par l'irruption incessante des idées démocratiques, auxquelles on a beaucoup trop cédé. A leur insu ou autrement, les partisans du prétendu gouvernement parlementaire ne sont plus des libéraux, ce sont des démocrates...

Après avoir pris pour guide le texte exact, le sens rigoureux des articles de la charte, attaqués par ceux qui, volontairement ou à leur insu se méprennent sur leur véritable portée, si nous passons aux considérations qui s'adressent au simple bon sens public, elles ne manqueront pas.

En dépit d'un parti qui croit faussement avoir pour lui les masses, en dépit des feuilles qui, chaque jour, prêchent des doctrines démagogiques, en dépit de quelques poignées de républicains qui s'imaginent être les représentants de l'opinion dominante en France, la France est monarchique; elle préfère le gouvernement d'un roi, dans les limites et avec les garanties imposées par la charte, au gouvernement instable et tumultueux de tous, à la dictature éphémère de tel ou tel chef de parti.

Outre que la France est foncièrement monarchique, outre qu'elle reconnaît un roi, elle veut, par suite de son caractère propre, de son caractère national, que ce roi soit quelque chose. Elle ne le prend pas du tout comme une fiction, elle le prend au sérieux, comme le lui donne la charte ; ses attributions sont fixées, son mode d'action est déterminé, il faut qu'il agisse, et qu'il agisse bien. La royauté n'est pas une sinécure. La France, toujours prête à applaudir au mérite, à l'habileté, honore par dessus tout les hautes et nobles intelligences ; elle les recherche et les fête partout où elle les trouve ; et, par une exclusion des plus incompréhensibles, elle dispenserait le roi de ces qualités qu'elle encense dans le plus humble citoyen ! Elle le dispenserait, que dis-je? elle lui défendrait d'en faire usage, dans le cercle d'action même que la charte a tracé autour de lui ! Non ! cela est aussi anti-national qu'anti-constitutionnel : la France ne voudra jamais du roi soliveau de la fable.

Il se peut qu'en Angleterre le pouvoir des chambres soit presque tout, et le pouvoir royal presque rien. Mais, en Angleterre, ainsi que je l'ai montré, le gouvernement parlementaire, appuyé sur l'aristocratie, soutient et protége la royauté ; en France, au contraire, le gouvernement parlementaire la tuerait parce qu'il s'appuie sur la démocratie.

C'est donc par ignorance ou par une incroyable confusion des faits, que le parti du progrès prétend, surtout depuis dix ans, se modeler tantôt sur le gouvernement anglais, tantôt sur le gouvernement américain. Au lieu de nous glorifier follement d'être de l'*école anglaise* ou de l'*école américaine*, soyons, s'il se peut, de l'école de la raison et de l'expérience.

Un illustre orateur, dont la voix ne sera pas récusée, **M.** Villemain, ministre de l'instruction publique, disait naguère à la tribune [1] : « Je crois que « les défenseurs de la proposition [2] veulent transporter « ici des usages et des exemples qui, sous beaucoup « de rapports, ne conviennent pas à notre pays, et « j'ajouterai qu'en les transportant ainsi, on court « risque de les imiter mal et de les exagérer. Cette « pensée s'est fortifiée en moi pendant que j'écoutais « le raisonnement et les citations *britanniques* de « l'honorable orateur qui m'a précédé à la tribune.

« Je ne voudrais pas qu'on nous présentât toujours « une analogie que tant de différences fondamentales « repoussent, et je vous prierais de vous souvenir « toujours que ce qu'il y a de différent dans les insti- « tutions de deux peuples change même ce qu'ils ont « de semblable.

« Ainsi, on vient de nous parler de l'Angleterre ; on « nous a parlé de ce qui se fait à la chambre des com- « munes, et de l'exclusion qui en écarte beaucoup de « fonctionnaires publics... Mais d'abord cette exclusion

[1] Séance de la chambre des députés du 11 février.

[2] Celle qui tendait à l'exclusion de certains fonctionnaires publics du droit d'éligibilité.

« n'est pas si sévère qu'on le dit (Suivent les chiffres dont il résulte que, proportionnellement au nombre restreint des fonctionnaires salariés en Angleterre, ceux qui sont admis dans la chambre des communes sont plus nombreux que ceux qui sont admis dans notre chambre des députés). « Vous savez la diffé-« rence profonde qui sépare l'organisation des deux « pays, et que la civilisation moderne est très-loin « d'avoir fait disparaître... La constitution d'un pays « fait prévaloir des influences diverses; là où les in-« fluences sont purement *nobiliaires*, *territoriales*, « *aristocratiques*, ces influences entraînent à leur « suite une *dépendance plus sérieuse*, et souvent « *plus indestructible* que celle qui résulte des liens « administratifs!... »

En Angleterre, l'aristocratie est tout : par elle-même, par les fermiers qu'elle tient sous sa dépendance, et par les ouvriers qu'elle achète. La bourgeoisie, la classe moyenne, n'est presque rien.

En France, au contraire, la classe moyenne est plus influente, plus nombreuse, proportion gardée, et par conséquent plus forte que l'aristocratie, d'une part, et la classe ouvrière, de l'autre.

La révolution anglaise a plus fait pour la liberté que pour l'égalité.

La révolution française a été en même temps le

triomphe de la liberté sur le pouvoir absolu, et de l'égalité sur le privilége.

On a dit que la révolution, qui marche pas à pas dans toute l'Europe, sous déguisement ou sous forme avouée, repose sur deux principes différents, selon qu'elle suit le type anglais ou le type français; que partout où règne ce dernier, c'est l'*égalité* qu'on réclame, et que partout où règne le premier, c'est la *liberté;* qu'avec le principe français, il y a plus d'*ordre*, et qu'avec le principe anglais, on est plus *libre;* enfin, que le gouvernement actuel de la France a pour but principal de concilier ces deux principes : *l'ordre et la liberté;* mais que ces deux principes sont inconciliables.

Ce n'est pas en vain que M. Guizot disait[1]: « Nous « sommes appelés à établir, non pas l'ordre seul, non pas « la liberté seule, mais l'ordre et la liberté en même « temps. Oui, messieurs, notre mission est double; « nous avons à ménager, à fonder à la fois les principes « et les institutions de l'*ordre*, les principes et les « institutions de la *liberté*.

Certes, il y aurait de quoi désespérer, si la liberté devait nécessairement engendrer le désordre, et si l'ordre devait nécessairement engendrer l'esclavage.

[1] Chambre des députés, 19 février 1831.

Mais, contrairement à cette opinion, les efforts du gouvernement de 1830 n'ont pas été si complétement inutiles. L'administration ou l'ordre, la liberté ou le désordre, se sont fait mutuellement d'utiles concessions dont la France a fait son profit. Ceux qui le nieraient, il faudrait les renvoyer d'une part à nos institutions avant 89, et de l'autre au souvenir de notre anarchie de 93.

Ne sommes-nous pas en effet, depuis 1830, dans une ère de véritable réforme? « Après avoir touché à tous les pouvoirs de l'Etat, à la constitution de la Royauté, à la constitution de la chambre des Pairs, à la constitution de la chambre des Députés, on a doublé le nombre des Electeurs. Il n'est pas une autorité qui n'ait eu bientôt à côté d'elle un pouvoir populaire pour la contrôler : le maire a eu près de lui le conseil municipal; le sous-préfet, le conseil d'arrondissement; le préfet, le conseil général. Et ces divers pouvoirs ont été légalement *élus*, grâce à cette réforme nationale et salutaire [1]. » Est-il possible, après cela, de nier la *libéralité* de nos institutions, et leur supériorité réelle sur toutes celles qu'on prétend leur opposer?

Au surplus, ce n'est pas seulement dans nos insti-

[1] M. de Montalivet, ministre de l'intérieur; session de 1838.

tutions, dans la constitution de notre société, qu'il s'agirait d'introduire des réformes radicales, il faudrait, pour y arriver, changer aussi les principaux traits de notre caractère national. Or, à vouloir imiter les Anglais ou les Anglo-Américains, les Français perdraient leurs bonnes qualités et ne prendraient pas celles de leurs modèles; ils garderaient leurs propres défauts, et y ajouteraient ceux des autres.

Des différences immenses existent entre le caractère français et les caractères anglais et américains. Ceux-ci sont commerçants, *avant tout;* nous autres, il faut le dire et n'en avoir pas honte, commerçants *après tout.* Ce n'est pas en France que le président de la chambre des pairs s'asseoira jamais sur le *sac de laine*[1].

Les Français sont chevaleresques de cœur et d'instinct; les Espagnols aussi : c'est pour cela qu'ils n'ont pas su se maintenir et dominer en Amérique par le commerce. A l'exemple du sénat de Rome, la noblesse française, et la pairie en général, s'interdisent toute recherche de gain, tandis que l'aristocratie anglaise est loin de dédaigner le négoce, et que bon

[1] *Woolsack.* Pour honorer le commerce, source de la richesse de l'Angleterre, le président de la chambre des lords est assis, ou censé assis, sur un sac de laine.

nombre de membres de la chambre des lords sont membres de la compagnie des Indes.

Nous ne changerons pas, quoi qu'on fasse, notre nature, et nous ferons bien. L'éclat des armes, l'amour des beaux arts, un noble penchant à priser les honneurs plus que l'argent, les professions libérales plus que le commerce, le plaisir plus que la rigidité, la politesse plus que la grossièreté et la sauvagerie, voilà ce qui constitue chez nous le caractère national et le bonheur individuel : vrai lot de chevalerie, je le répète. A d'autres le soin exclusif du lucre; ce n'est pour nous que la seconde condition, dans l'existence politique comme dans la vie privée.

Et d'ailleurs, est-ce bien au moment où l'aristocratie anglaise et la démocratie américaine sont forcées de s'amender, de faire des concessions au principe adverse, qu'il est sage de s'aventurer à prendre modèle sur des types qui sont en train de changer? N'apercevez-vous pas que c'est nous, tout au contraire, qui sommes, à leur insu, le type dont ces nations se rapprochent? ne voyez-vous pas que l'aristocratie de l'un est près de descendre, et la démocratie de l'autre près de monter vers le point milieu que la France occupe dans l'échelle des gouvernements.... ?

S'il n'y avait à combattre que l'esprit plus ou moins entreprenant, les convictions plus ou moins sincères des partisans de réformes *parlementaires*, j'aurais fini ma tâche; mais la France a bien autrement à craindre les promoteurs de réformes *sociales*, infiniment moins sincères, et, moins désintéressés dans leurs projets dont la plupart ne vont à rien moins qu'à renouveler la face de la société tout entière.

Parmi les réformistes sociaux, les mieux intentionnés sont sans nul doute ceux qui, dans l'intérêt des masses, se font les défenseurs des intérêts *matériels*, au nom desquels ils n'hésitent pas à livrer le pays à de dangereuses agitations, à le jeter dans de bien grands hasards.

Mais, d'abord, ne faudrait-il pas prendre aussi quelque souci des intérêts *moraux*? et, quant aux autres, se peut-il, qu'on soit crédule au point de s'imaginer que les masses travailleuses doivent bien réellement profiter de tout progrès de l'industrie; que la population pauvre doive s'enrichir de la richesse croissante des manufactures! Par la marche naturelle des choses, l'accroissement de richesse qui suit l'accroissement du commerce et de l'industrie, profite aux commerçants, aux industriels, et, cela est douloureux à dire, non aux travailleurs, aux ouvriers proprement dits. C'est là un point sur lequel on se trompe étrangement, ou sur lequel on trompe étrangement les autres, quand on prétend en faire le pivot du bonheur général.

Les capitaux associés, les échanges commerciaux doublés ou triplés, les usines industrielles agrandies, leur travail centuplé par la mécanique et par la vapeur, les facilités données au commerce par la voie rapide des chemins de fer, à qui cela peut-il bénéficier, je le répète, si ce n'est aux capitalistes, aux industriels, aux commerçants? Quant à la classe des producteurs, à la classe innombrable des artisans qui fécondent la terre, qui manient tout, qui donnent la forme à tout, depuis les matières les plus communes jusqu'aux matières les plus précieuses, bien qu'ils profitent, en tant que consommateurs, de l'abaissement du prix de certains objets, ils se trompent en attachant leur félicité future à ces perfectionnements *matériels*, dont les résultats pécuniaires ne sauraient être pour eux ; car le prix de main-d'œuvre ne peut monter en même temps que le prix de vente baisse. Ils se trompent bien autrement encore quand ils se laissent entraîner aux principes, aux suggestions funestes des démocrates, des réformistes, communistes, babouvistes et autres, qui leur promettent, de leur côté, un bonheur qu'ils pourront encore moins leur assurer. Que leur donnera-t-on donc à la place de ces biens qu'on présente perfidement à leur crédulité et que la nature des choses leur refuse? Que leur donneront les coryphées de la démocratie, à la place de ces matérielles jouissances dont ils sont devenus avides? le droit électoral? Dérision dont il n'est pas besoin de montrer l'amertume!

Admettons tous les perfectionnements possibles dans l'industrie, et aussi dans l'agriculture. Eh bien! le laboureur ne continuera-t-il plus son dur travail au milieu des brumes de l'hiver et des ardeurs de l'été, l'ouvrier dans sa fabrique, le verrier dans sa fournaise, le mineur dans les entrailles de la terre, le chauffeur à la gueule enflammée de la locomotive? Et, quant au juste salaire de leur labeur, par quelle combinaison pourrait-il se trouver aussi élevé ou plus élevé que le prix de rapport? Prenons un exemple tout ordinaire : est-ce l'étoffe dite calicot, vendue à sept sous le mètre, notable résultat du progrès de la fabrication, qui peut donner au fabricant un légitime bénéfice pour lui, et à l'ouvrier un salaire en rapport avec ses désirs croissants?

Il n'y a pas d'or pour tous, il n'y a pas pour tous les jouissances que l'or peut donner. Tout l'or tiré du sein de la terre, également réparti, ne donnerait pas une parcelle, pas une paillette pour chacun.

C'est donc autre chose que la démocratie a en vue, et quand ses apôtres promettent aux masses les jouissances qu'ils ambitionnent pour eux seuls, c'est avec la certitude de ne pouvoir tenir parole. Prédications anarchiques, complots, troubles, confusions, renversements, tout cela signifie : richesse et pouvoir pour quelques nouveaux venus, et continuité, pour les populations, de la condition que leur font inévitablement la nature et l'état social.

Ici commence le rôle des prôneurs et instigateurs des réformes *radicales* dont la société est incessamment menacée.

Ces sourdes agitations qui se manifestent de temps à autre, par des explosions soudaines; ce malaise des classes moyennes et des classes inférieures; cette soif des plaisirs et des satisfactions de la terre; cette ardeur à briser tout obstacle; ce mépris des freins de la morale; cet esprit d'indépendance et de révolte qui rêve, sous diverses formes, la rénovation de la société tout entière, qui s'attaque à la simple consigne du commis de barrière, assassine en pleine rue l'inoffensif agent de l'autorité, et ne recule pas devant le régicide..... d'où cela vient-il? si ce n'est de la quotidienne prédication de principes anarchiques, de ces vœux perfidement philanthropiques, qui exaltant le désir du bien-être matériel, excitent contre les classes qui possèdent celles qui ne possèdent pas, de l'absence de moralité dans ces théories prétendues sociales, et de l'esprit irréligieux de cette multitude qui n'est que trop prédisposée à les accueillir ?

Faut-il apporter des preuves de ces criminelles tentatives si souvent renouvelées parmi les populations les moins éclairées? Lisez cette phrase d'un pamphlet répandu à profusion dans les campagnes : « *L'institu-* « *tion de la propriété a été une erreur et la plus fu-* « *neste de toutes les erreurs* : IL FAUT RÉTABLIR LA « COMMUNAUTÉ DES BIENS, BUT FINAL DE LA DÉMO- « CRATIE. »

Lisez cette autre phrase tirée d'un catéchisme à l'usage du peuple, phrase adressée « aux honnêtes gens » « *Je vous le dis en vérité*, QUICONQUE VOUS TUE N'EST « PAS UN ASSASSIN, MAIS UN EXÉCUTEUR DE LA HAUTE « JUSTICE.

« *Et celui qui vous reprend l'or dont vous vous* « *êtes gorgés aux dépens des pauvres n'est pas un* « *voleur* ; C'EST UN HUISSIER DE DIEU QUI VOUS CON- « TRAINT PAR CORPS A PAYER VOS DETTES.

Le dégoût m'empêche de rassembler d'autres citations !

Les intérêts *matériel* (entendus selon leur acception naturelle, et non comme on les entend au bagne), n'ont pas besoin de prédicateurs. « Ils s'inspirent « assez d'eux mêmes, et sont de leur nature si em- « portés qu'il est du devoir de la morale de leur op-

« poser un frein, au lieu de les enflammer par les « excitations d'une assemblée de législateurs. En por- « tant les intérêts matériels au premier rang des dé- « sirs de l'homme, on dégrade par cela même tout ce « qui n'est point matériel, et tout ce qui tient à l'or- « dre moral. Le désintéressement, la générosité, le « dévouement, l'amour de la vertu, l'honneur, tout ce « qu'il y a de beau enfin, va se perdre dans cette doc- « trine impure que la morale et la loi évangélique ont « également frappée de réprobation. »

Est-ce donc un tort de signaler hardiment le principe du mal qui nous ronge, et serions-nous venus à ce point qu'on puisse traiter d'utopiste celui qui parle de morale et de religion ?

Il est impossible aux peuples, non-seulement de prospérer, mais de vivre sans religion ; c'est là une vérité consacrée par l'expérience des siècles. De tous les philosophes qui se sont fait un nom par leurs doctrines, un seul, Bayle, a soutenu le contraire. L'opinion de Bayle semble avoir prévalu au dix-neuvième siècle, mais où est la preuve qui vienne l'étayer ?

On a prétendu que la loi pouvait être athée; on s'est trompé, car l'athéisme tue la loi. Avec l'athéisme il n'y a plus rien de juste ni d'injuste ; ou plutôt il n'y a plus qu'une chose injuste : la loi qui nous défend de faire ce qui nous plaît ; il n'y a plus qu'une chose juste : la volonté de secouer le joug de toute autorité.

Le principe d'autorité implique l'autorité spirituelle, celle de la religion, et l'autorité temporelle, celle des rois. L'exagération de ce principe conduit à la superstition et à la servitude.

Le principe d'indépendance se résume dans ce seul mot : Liberté. Son exagération conduit à l'irréligion, à la révolte, au renversement (pardonnez le peu de nouveauté de la phrase), au renversement des autels et des trônes.

La monarchie, considérée dans son essence, et suivie dans toutes ses phases, a sans doute, à diverses époques, pesé d'un poids bien lourd sur la France. Mais sa puissance, tempérée d'abord par l'influence des anciens parlements, puis modifiée par les divers gouvernements qui se sont succédé depuis 1789, a été sagement constitutionalisée. De mutuelles concessions ont été faites par la royauté et la démocratie, de manière à garantir, d'une part, les libertés publiques, et de l'autre la stabilité du gouvernement, deux conditions fondamentales, indispensables à toute amélioration dans la condition humaine ; en un mot, nous avons une constitution, une charte.

Pourquoi donc en vouloir sortir, et quel est le principe qui nous pousse? Je l'ai dit : c'est la recrudescence de l'esprit démocratique, avec toutes ses conséquences.

A la suite de la révolution de juillet sont venus une foule de théoriciens vulgaires qui, se décorant du titre ambitieux de réformateurs, ont été fouiller toutes les erreurs, toutes les utopies désorganisatrices du siècle précédent, et qui, sous prétexte de travailler à l'amélioration de la société, n'ont réussi qu'à brouiller toute notion de morale, de justice, et à briser, ou à peu près, tous les liens sociaux.

Le dénigrement systématique de tout appui de la monarchie constitutionnelle, l'abaissement de la majesté royale, l'annihilation de la pairie, la glorification des principes démagogiques, l'appel aux passions populaires, tel est le labeur auquel la presse des partis s'est appliquée chaque jour. Elle a réussi à inoculer dans une partie de la population la haine pour toute autorité, le mépris pour tout principe d'ordre. Toute action gouvernementale est devenue à ses yeux attentatoire aux libertés et aux intérêts du pays.

Grâce à ces efforts incessants, toutes les vérités morales, toutes les maximes qui garantissaient le respect des hiérarchies et la soumission à l'ordre légal, attaquées sans cesse, contredites, faussées en tous sens, sont restées gisantes dans l'arène. Mais ce qu'on a attaqué par-dessus tout, sous toutes les formes et à tous les instants, il faut le dire, c'est la royauté.

Que les vertus, que la plus haute intelligence soient sur le trône, que les plus nobles capacités soient au pouvoir, qu'importe à ceux qui ne veulent point de trône, à ceux qui ne veulent au pouvoir qu'eux et leurs amis ?

Parfois, il est vrai, le parti démocratique, le plus hardi et le plus redoutable, s'arrête à l'aspect de la perturbation qu'il a causée, au bruit de l'émeute qui hurle, à l'odeur du sang qui coule... C'est le canon qui recule après avoir lancé la mort! Mais bientôt, son instinct subversif reprend le dessus; après un court moment de repos, après avoir essayé pendant quelques jours de faire croire à sa modération, il se remet résolument à la tâche.

Jusqu'à certain point, il faut tenir compte aux partis de la résolution qu'ils paraissent avoir prise ; ils semblent avoir tacitement reconnu les incontestables mérites du chef de la dynastie de juillet. Ils ont vu échouer successivement leurs essais de renversement ; ils ont compris que la nation, de plus en plus éclairée sur la valeur du monarque du 9 août, l'a adopté après l'avoir accepté de la main de ses représentants.....

Mais, les partis sont bien aveugles s'ils n'ont pas vu grandir les titres de l'héritier du trône à l'estime et à l'affection du pays; s'ils n'ont pas vu cette pépinière de jeunes princes élevés parmi nous, instruits aux mêmes sources, devenir de jour en jour chers à la nation comme braves soldats, officiers de mérite qu'ils sont tous, et citoyens remplis de lumières et de patriotisme.

Ces paroles, je le sens, ont une portée que j'essaierais vainement de restreindre. La politique au jour le jour pourra m'accuser d'imprudence; on dira qu'exprimer certaines craintes, prévoir certains événements, c'est y faire penser. Erreur, je n'y fais point penser, on y pense. Ce que je dis n'est que l'écho de mille bruits répandus dans l'air. Pour s'en convaincre, il suffit d'écouter.

Et d'ailleurs, ne semblerait-il pas que le calme d'aujourd'hui, nous le goûtions hier? Le progrès des doctrines anarchiques, les efforts tentés pour pervertir les classes populaires, la propriété menacée, le fanatisme démocratique attaquant à la fois la monarchie et l'ordre social : la monarchie dans la personne du roi et des princes; l'ordre social par des sociétés secrètes dans lesquelles on enrégimente et l'on arme tout ce qui est mu par des passions subversives : tout cela, est-ce que quelqu'un l'a oublié? Quelques mois ont-ils suffi pour effacer de la mémoire les déplorables émeutes de Toulouse et de Clermont, les mille résistances organisées contre le recensement, l'attentat contre la vie de jeunes princes marchant à la tête de leurs frères d'armes? C'est au moment du calme, apparent ou réel, que les hommes sages et habiles songent à la tranquillité de l'avenir ; il n'y a ni sagesse ni habileté à s'en occuper au moment du danger.

Dans la prévision de tout ce qui nous menace, en présence d'une société divisée en deux camps malheureusement trop distincts : le camp de ceux qui veulent détruire, le camp de ceux qui veulent conserver, qu'il me soit permis de former les vœux que voici, et que le ciel les exauce!

Tout est éducation, et tout procède de l'éducation. L'éducation des enfants se fait d'abord dans la famille, ensuite dans le collége. L'éducation des hommes se fait par les institutions et les lois.

Je demande qu'on ouvre enfin les yeux; je demande que, dans l'éducation de la jeunesse, le principe d'autorité, base de tout pacte social, reprenne un peu de son empire ; que le respect pour le chef de la famille habitue l'enfant au respect et à l'obéissance qu'il devra plus tard aux lois de la grande famille, autrement dit, de la nation dont il est membre ; que le nom de Dieu, maître des plus obscures destinées comme de la destinée des empires, vienne un peu plus souvent dans les enseignements de l'enfant, puis dans ceux du jeune homme qui cherche la science ; que le nom du Roi soit articulé haut et ferme comme le nom des deux autres pouvoirs de l'Etat, attendu que sur ces trois pouvoirs repose l'édifice de notre Constitution. Je demande enfin qu'on s'applique à former des citoyens intègres, honnêtes, en supprimant cette pernicieuse distinction qui s'est introduite, et que ma raison se refuse à saisir, entre la morale privée et la morale publique ; il faut que le jeune homme sorte des écoles convaincu que la morale publique ne peut se composer que des morales privées, et que tout est perdu quand les citoyens en sont venus à croire que, pourvu qu'ils ne causent aucun scandale extérieur, ils peuvent être en leur particulier, et dans les limites que la loi ne permet pas de franchir, impies, improbes et dissolus.

A l'égard de l'éducation des hommes, c'est aux législateurs à la faire.

Je suis de ceux qui prennent, dans des vues gouvernementales, les hommes tels qu'ils sont, mais avec l'invariable pensée qu'il s'agit de les améliorer, et qu'on le peut, et qu'on le doit. Il y a une horrible faiblesse d'esprit à croire qu'il faut laisser le moral des peuples suivre le libre cours des choses, à penser qu'on voudrait vainement redresser la pente générale des esprits et les moraliser quand ils tendent, par des causes quelconques, à la démoralisation. Les peuples sont ce qu'on les fait. De bonnes institutions les rendent meilleurs : la seule preuve à en donner, c'est que de mauvaises institutions les rendent pires.

Pour préparer cette bonne éducation politique, pour nous donner les moyens d'y arriver, une grande occasion se prépare.

Sans doute la chambre élective est l'expression des vœux du pays ; mais c'est d'elle ensuite que part l'impulsion dont le pays subit l'influence ; les élus réagissent sur les électeurs par les lois qu'ils votent, les institutions qu'ils fondent, les mesures qu'ils adoptent ou qu'ils rejettent.

Des députés choisis parmi les hommes qui veulent nos institutions, notre constitution, notre dynastie nouvelle, parmi les hommes qui veulent améliorer, non détruire, peuvent seuls assurer l'avenir constitutionnel de la France.

D'UN ÉVÉNEMENT INÉVITABLE.

Au rang des sages rois le burin de l'histoire
Inscrira ton aïeul. De ton père la gloire
Sera de l'imiter. Toi, noble rejeton,
Pour suivre leur exemple, écoute ma leçon.

Épître au Comte de Paris.

. . . . , .

. . . .

. . . .

(J'avais écrit, sous ce titre, un chapitre que j'avais d'abord la faiblesse de regarder comme un chef-d'œuvre, sous le rapport de la pensée comme sous le rapport de la convenance du langage. Un examen plus sévère et un respect plus fort que tout autre sentiment m'ont décidé à le jeter au feu, et à n'en laisser subsister que les quelques mots qui suivent :)

. . . .

. . . .

. . . .

Les partis sont le plus souvent impatients et aventureux ; mais, parfois, ils puisent dans leur haine opiniâtre une longue patience. En Angleterre, la lutte entre les partisans des Stuarts et la révolution n'a pas duré moins de cinquante ans : la tête de Charles Ier tomba en 1649 ; l'acte de succession en faveur de la maison d'Hanovre ne passa qu'en 1701.

. . . .

. . . .

. . . .

En France, derrière le parti de la démocratie, marche toujours le parti qui rêve une troisième restauration.

. . . .

Que les constitutionnels, que les conservateurs avisent donc, car les années sont comme des jours, pour l'œuvre qu'ils ont à accomplir.

www.ingramcontent.com/pod-product-compliance
Ingram Content Group UK Ltd.
Pitfield, Milton Keynes, MK11 3LW, UK
UKHW020912180726
13838UKWH00002B/501